Dieu et le savoir selon Schleiermacher

5-7, rue de l'Ecole polytechnique ; 75005 Paris

http://www.librairieharmattan.com
diffusion.harmattan@wanadoo.fr
harmattan1@wanadoo.fr

ISBN : 978-2-296-11261-2
EAN : 9782296112612

Dominique NDEH

Dieu et le savoir selon Schleiermacher

Ouverture philosophique
Collection dirigée par Dominique Chateau,
Agnès Lontrade et Bruno Péquignot

Une collection d'ouvrages qui se propose d'accueillir des travaux originaux sans exclusive d'écoles ou de thématiques.

Il s'agit de favoriser la confrontation de recherches et des réflexions qu'elles soient le fait de philosophes "professionnels" ou non. On n'y confondra donc pas la philosophie avec une discipline académique ; elle est réputée être le fait de tous ceux qu'habite la passion de penser, qu'ils soient professeurs de philosophie, spécialistes des sciences humaines, sociales ou naturelles, ou... polisseurs de verres de lunettes astronomiques.

Dernières parutions

Mariapaola FIMIANI, *Érotique et rhétorique. Foucault et la lutte pour la reconnaissance*, 2009.

Jean-Pierre Emmanuel JOUARD, *La leçon de Socrate (définition de l'homme)*, 2009.

François URVOY, *Expérience et dogmatique empiriste (I)*, 2009.

François URVOY, *Dire le monde (II),* 2009.

François URVOY, *Science et ontologie (III),* 2009.

François URVOY, *Constitution de l'humain dans l'homme (IV),* 2009.

Vassilis VITSAXIS, *LE MYTHE et la recherche existentielle,* 2009.

Marcello VITALI ROSATI, *Corps et virtuel : Itinéraires à partir de Merleau-Ponty*, 2009.

Emmanuel TOURPE, *L'Audace théosophique de Baader. Premiers pas dans la philosophie religieuse de Franz von Baader (1765-1841)*, 2009.

Paul DUBOUCHET, *Droit et philosophie. Une critique des sciences humaines*, 2009.

Vangélis ATHANASSOPOULOS, *La publicité dans l'art contemporain I : Esthétique et postmodernisme*, 2009.

A toi

P. Augustin SAGNE

INTRODUCTION GENERALE

Le savoir est une des préoccupations permanentes de l'être humain. C'est aussi la conviction de Schleiermacher dans son livre intitulé la *Dialectique*. On peut dire que dès que la conscience s'éveille en la personne humaine, elle entre dans une recherche du savoir qui ne le quittera plus jamais. Tout porte à croire que le désir du savoir qui est concomitant à la naissance de la conscience accompagne le sujet humain tout au long de son existence. Autrement dit, la perception de soi et des choses que l'on peut appeler en première approximation conscience va de pair avec la volonté de connaître c'est-à-dire d'être informé ou d'avoir une idée juste et vraie. La conscience est la condition de possibilité du savoir, dans la mesure où elle assure l'unité dans la diversité. Ceci a une portée déterminante dans la conception du savoir chez Schleiermacher. L'être humain a besoin du savoir pour bien organiser son existence et en tirer le maximum de bénéfices.

Dieu et le savoir n'est pas une nouvelle tentative pour connaître Dieu. Ce n'est pas une nouvelle théologie philosophique qui veut appréhender Dieu et exposer ses attributs. Il ne s'agit pas de s'interroger sur Dieu lui-même, mais sur la fonction qu'il peut jouer ou qu'il joue effectivement dans le savoir humain. L'objet de l'étude n'est pas Dieu, mais sa contribution dans le savoir humain. Nous ne voulons pas reprendre un vieux débat sans apporter une contribution nouvelle. Depuis Kant, on sait que Dieu ne peut pas être connu mais seulement pensé ; puisque le savoir exige des intuitions sensibles. Or Dieu ne donne pas de lui les intuitions sensibles indispensables à sa connaissance. Il faut sans doute quitter le modèle du savoir expérimental dominant, fondé sur les intuitions sensibles pour envisager une connaissance de Dieu qui ne présuppose pas de données sensibles.

Dieu a-t-il un rôle dans le savoir humain ? Avant d'aborder cette question fondamentale, il y a un préalable qu'il faut analyser. Ce préalable est le statut même de la connaissance chez l'homme. Le savoir est-il une affaire strictement individuelle comme peut le laisser penser Kant ? Autrement dit, le savoir exclut-il toute coopération d'un tiers dans son effectuation ? On sait que chez Kant le savoir résulte de la coopération entre la sensibilité et l'entendement. Pour qu'il y ait connaissance les intuitions doivent être déterminées par les concepts de l'entendement. D'où l'affirmation : « Des pensées sans contenu sont vides, et des intuitions sans concepts sont aveugles. »[1] Compris en ce sens, le savoir est-il strictement individuel ?

Si le savoir est absolument personnel, que valent les expressions : savoir partagé, savoir commun ? Ces expressions n'invitent-elles pas à reconnaître qu'il existe un savoir qui n'est plus seulement une affaire individuelle ? Si on s'en tient au caractère individuel du savoir, quelle serait la différence entre le savoir et l'opinion ? Ce qui fait la différence entre le savoir et l'opinion selon les philosophes de la Grèce Antique est que le savoir est commun et l'opinion individuelle. Mais peut-on constituer un savoir commun sans communication ? Comment communiquer sans langage ? C'est donc dire que parier sur la fécondité herméneutique de l'expression savoir commun, c'est non seulement le reconnaître mais reconnaître aussi ce qui le fonde.

---

[1] KANT, *Critique de la raison pure*, Paris, PUF, « Quadrige », 1993, p. 77.

Comment poser l'objet à connaître sans le désigner ? Comment le désigner sans le nommer ? Comment le nommer sans langage ? Dès que le langage intervient dans la constitution du savoir commun, ne doit-on pas dire qu'on entre dans une relation dialogique ? Dans ce cas le savoir peut-il encore échapper à la dialectique ?

En effet, le langage par lequel on désigne les choses n'est jamais la production d'un individu isolé. L'accession au langage est en même temps l'entrée dans une communauté de savoir. On comprend alors pourquoi Schleiermacher traite du savoir dans son œuvre intitulée *Dialectique*. En effet, si le savoir est fondé dans le langage, la dialectique, comme l'art de conduire le dialogue, n'est-il pas l'organon adéquat du savoir ? C'est ce que nous voulons montrer avec Schleiermacher dans une première articulation.

Ensuite nous nous interrogerons sur l'effectivité du savoir. Comment le savoir est-il possible ? Autrement dit comment la pensée qui d'ordre rationnel se rapporte à l'objet qui est d'ordre matériel ? L'hétérogénéité de la pensée et de l'objet fait de la connaissance humaine une énigme. Comment être sûr que la pensée atteint effectivement l'objet ? La représentation de l'objet dans la pensée est-elle adéquate à l'objet réel hors de la pensée ? Qu'est-ce qui garantit cette adéquation qui est pourtant l'essence même du savoir ? C'est justement cette question qui est au fondement de la réflexion de Schleiermacher. La connaissance humaine n'a-t-elle pas besoin d'un fondement qui assure son effectivité ? Il faut alors trouver le fondement du savoir et montrer comment il garantit le savoir humain.

Le savoir se présente comme une synthèse entre l'idéal et le réel. Or il semble que ce qui en l'homme assure la synthèse suprême entre le sujet et l'objet est la conscience. La conscience serait-elle donc le lieu où se réalise effectivement le savoir ? Si la conscience joue un tel rôle n'aurait-elle un lien certain avec le fondement du savoir ? Dans ce cas, quelle serait la nature de ce lien ? Il est donc nécessaire de penser le lien entre la conscience et le fondement du savoir. En effet, c'est dans cette relation qu'on pourra élucider les fonctions de la conscience et du fondement du savoir chez l'homme. Comme nous allons le voir, Schleiermacher s'applique justement à établir et à montrer le rapport entre la conscience et le fondement du savoir. A la suite de cette réflexion, nous allons voir comment Schleiermacher présente les différentes formes du savoir.

La dernière articulation de cette réflexion est constituée par l'effectivité du savoir. La question principale à laquelle elle veut répondre est la suivante : Quel est le rôle de l'intersubjectivité dans le savoir ? Pourquoi le savoir a-t-il besoin d'une construction commune ? Qu'est-ce que l'intersubjectivité apporte de spécifique au savoir ? La pluralité des sujets connaissants ne risque-t-elle pas de rendre la tâche du savoir impossible ? Comment unifier la diversité des approches en savoir unique ? Ne faut-il pas renoncer aux particularités pour atteindre l'universalité ?

Cette réflexion est une suite logique de notre ouvrage précédent[2]. Nous voulons analyser ici la pensée de Schleiermacher sur le savoir et son rapport à Dieu que nous n'avons pu présenter précédemment. La *Dialectique* est support de cette réflexion alors que les *Discours* étaient le support de la réflexion précédente.

---

[2] *Religion et éthique dans les discours de Schleiermacher*, Essai d'herméneutique, Paris, L'Harmattan, « Ouverture philosophique », 2008, 237 pages.

CHAPITRE PREMIER

DIEU DANS LE SYSTEME DU SAVOIR

Que faut-il entendre par système du savoir? Le système est l'unité des diverses connaissances sous une seule idée. Il s'agira de répondre à cette question directrice : Dieu a-t-il un rôle dans la construction du savoir et si oui, lequel ? Déterminer ce rôle est important pour le système du savoir, entendu comme détermination d'un principe unique dont dépendent tous les savoirs.

Que vient faire Dieu dans le savoir quand on sait, depuis Kant, que Dieu ne peut pas être un objet du savoir humain ? C'est justement ce rôle attribué à dieu dans le savoir humain qui fait l'originalité et la pertinence de la réflexion de Schleiermacher. Là Kant a mit Dieu hors jeu, Schleiermacher l'intègre de nouveau dans le circuit de la connaissance. Nous voulons comprendre comment Dieu se tient dans le savoir.

Ce qui est en jeu, c'est de savoir s'il faut complètement exclure Dieu du domaine du savoir comme l'a fait Kant, ou réexaminer le problème pour voir si Dieu n'est pas au fondement de toute connaissance. Il nous faut alors parcourir l'ouvrage de Schleiermacher intitulé *Dialectique* en quête de réponse à la question suivante : que devient Dieu dans le système du savoir ? Mais comment répondre à cette question sans au préalable définir le système d'une part, et d'autre part, le savoir dans son essence ?

Le concept de *système* n'est certainement pas spécifique à Schleiermacher. On ne retrouve pas dans son œuvre une définition particulière de ce concept. Mais il est probable qu'il adopte la définition kantienne sans se soucier de la reformuler par lui-même. Il est donc utile de rappeler celle-ci pour mieux comprendre sa mise en œuvre dans la *Dialectique* de Schleiermacher.

Dans la *Critique de la raison pure,* Kant écrit : « J'entends par système l'unité des diverses connaissances sous une idée. Cette idée est le concept rationnel de la forme d'un tout, en tant que c'est en lui que sont déterminées *a priori* la sphère des éléments divers et la position respective des parties. »[1] Le système rend compte de l'idée fondamentale qui unifie l'ensemble du savoir. Le présupposé de cette définition est que le savoir est organisé en une unité systématique et se fonde sur une idée, de telle sorte que tout savoir a une place prédéterminée dans le système. Kant ajoute : « personne n'essaie d'établir une science sans avoir une idée pour fondement. »[2]

Pourquoi le savoir doit-il se présenter sous la forme d'une unité systématique ? Ne peut-on pas concevoir des connaissances indépendantes les unes des autres ? C'est la raison qui le veut ainsi. Car, écrit Kant, « la raison humaine est, de sa nature, architectonique, c'est-à-dire qu'elle considère toutes les connaissances comme appartenant à un système possible et que, par conséquent, elle ne permet que des principes qui n'empêchent pas, du moins, une connaissance qu'on a d'avance de s'accorder avec d'autres dans un système. »[3] Pour la raison, il doit

---

[1] Kant, *Critique de la raison pure,* Paris, PUF, « Quadrige », p. 558.
[2] *Ibid*., p. 559.
[3] *Ibid*., p. 364.

exister une idée fondamentale sur laquelle tout le savoir doit se fonder et s'articuler pour n'être pas un simple agrégat de connaissances, mais un véritable système tel que l'exige la science.

La question est de savoir comment procéder pour trouver cette idée. Qu'est-ce qui garantit que cette idée est le fondement de tout savoir ? L'idée de Dieu ne serait-elle qu'un simple postulat de la raison ? Il nous semble que cette idée est une des conditions transcendantales du savoir dans la philosophie kantienne. C'est seulement si on veut unifier tout le savoir en système que cette idée devient nécessaire.

Schleiermacher travaille avec la définition de Kant sans renvoyer explicitement à lui. C'est peut-être la raison pour laquelle M. Simon écrit : « La rencontre avec la pensée kantienne a été décisive pour Schleiermacher, [...] même si en outre Schleiermacher n'avoue pas en général nettement ce qu'il lui doit, et bien qu'il s'agisse souvent d'une imprégnation partiellement inconsciente. »[4] S'il ne fait pas de doute que Schleiermacher ne dit pas toujours ce qu'il emprunte à Kant, il paraît un peu excessif de dire qu'il n'avoue pas ce qu'il lui doit. « C'est avec Kant, dit-il, que j'ai appris à penser. »[5] Il reconnaît ainsi toute sa dette au philosophe de Königsberg. Cette affirmation permet de nuancer ce que dit M. Simon. Mais ce n'est pas l'unique attestation du fait qu'il a étudié Kant et donc a subi son influence. « Je parcours, écrit-il, les opinions différentes et vois ce qui en elles est tenable ou intenable, conséquent ou inconséquent… C'est de cette manière que

---

[4] M. SIMON, *op. cit.*, p. 36. note 2.

[5] Courrier IV (à Brinkm., 3 février 1790) cité par Edmond CRAMAUSSEL, *La philosophie religieuse de Schleiermacher*, Genève et Paris, Kündig et Félix Alcan, 1909, p. 31.

j'ai à nouveau étudié à fond à Drossen une grande partie des écrits kantiens. »[6]

Vouloir comprendre la *Dialectique* de Schleiermacher en ignorant cette imprégnation kantienne, c'est courir le risque de mal la comprendre. Il n'est pas exagéré de dire que la *Dialectique* est une reprise ou une réponse à *la Critique de la raison pure* de Kant. Prétendre que l'influence kantienne sur Schleiermacher est une imprégnation inconsciente, c'est faire abstraction de ses propres affirmations. Mais c'est aussi ignorer toutes les prises de position de Schleiermacher qui le déterminent par rapport à Kant. Il n'est certainement pas inconscient de tout ce qu'il emprunte à Kant. C'est pourquoi, si nous ne faisons pas une étude sur les rapports entre Kant et Schleiermacher, ce qui nous éloignerait de notre sujet, nous voulons néanmoins mettre en évidence les éléments kantiens qui permettent de comprendre la *Dialectique* de Schleiermacher. La philosophie étant le terrain qui unit les deux chercheurs, il n'est peut-être pas superflu d'examiner le rapport qui peut exister entre la dialectique et la philosophie. En effet, si voulons que notre propos soit clair et compréhensible cet examen devient même nécessaire car il rend ce rapport opératoire pour l'analyse qui va suivre.

---

[6] Aus Schleiermachers Leben. In Briefen, 4 Bde, herausgegeben, von L. Jonas und W. Dilthey, Band I, (2e éd., 1860), p. 66. citée par Pierre DEMANGE, *L'essence de la religion selon Schleiermacher*, Paris, Beauchesne, 1991, p. 98.

1. Dialectique et philosophie

Dans l'histoire de la philosophie, le concept de dialectique a été particulièrement attaché à la philosophie de Hegel, bien que son existence lui soit antérieure. Loin de la caricature thèse, antithèse et synthèse, généralement utilisée pour décrire la dialectique de Hegel, la dialectique est, pour lui, le moment du travail de la négativité à l'intérieur de la positivité pour porter celle-ci à son achèvement. La dialectique vise à briser les oppositions que l'entendement fait entre la positivité et la négativité pour penser la médiation de la négativité qui conduit à l'effectivité. Il y a un travail de la négativité sur la positivité pour qu'advienne l'effectivité. Cette dernière se présente comme la synthèse de la positivité et de la négativité par le travail dialectique[7]. On doit donc dire que la dialectique de Hegel prend place dans un moment de sa philosophie.

La dialectique ainsi conçue est bien loin de son étymologie qui en faisait une controverse afin d'aboutir à un consensus. En effet, c'était une forme de dialogue qui confronte les opinions diverses pour aboutir à un compromis. Telle qu'elle est mise en œuvre par Platon dans sa philosophie, « la dialectique peut être alors caractérisée comme science de la distinction du même et de l'autre : perception d'une identité au sein de la diversité multiple, et saisie des différences à l'intérieur du semblable. »[8] La préoccupation fondamentale est de saisir

---

[7] Voir pour plus de précisions l'article « Dialectique » d'A. LECRIVAIN, dans *Encyclopédie philosophique universelle, Les notions philosophiques*, 2e éd. Paris, PUF, pp. 633-639.

[8] A. LECRIVAIN, *op. cit.,* p.634.

l'unité dans la diversité ou la diversité sous-jacente à l'unité. On a affaire à une recherche de l'unité systématique. Ce point est à noter car nous le retrouverons dans la démarche philosophique de Schleiermacher.

Si on pose à Schleiermacher la question de savoir ce qu'il entend par dialectique, sa réponse n'est pas univoque. La dialectique est d'abord « la théorie de la construction scientifique. »[9] C'est la partie de la dialectique qu'il appelle transcendantale. Il y est surtout question de rechercher l'idée qui sous-tend tout le savoir. Mais aussi « la dialectique est l'exposition des principes pour la conduite du dialogue conformément à l'art dans le domaine de la pensée pure. »[10] La pensée pure se distingue de la pensée esthétique et de la pensée pragmatique (éthique) et se rapporte au savoir. Pour Schleiermacher, la dialectique est donc en même temps une *théorie* de la constitution du savoir et une *technique* de la conduite du dialogue en vue du savoir.

Quel est le rapport entre la dialectique et la philosophie ? Peut-on assimiler les deux notions ? Si l'on se réfère à ce que dit Schleiermacher, une simple identification de ces deux notions n'est pas possible. En effet, la dialectique désigne « les principes de l'art de philosopher. »[11] La dialectique doit déterminer les principes de cet art, afin de permettre l'exercice du philosopher. Si la dialectique désigne les principes de l'art de philosopher, elle n'est pas le philosopher en lui-même.

---

[9] *Dialectique, pour une logique de la vérité*, traduit de l'allemand par Christian BERNER et Denis THOUARD, Paris, Genève, Laval, Cerf-Labor et Fides-Presses de l'Université Laval, « passages », 1997, *Dial.* 1814, § 37, p. 64. Toutes nos citations seront faites selon cette édition en abrégé : Dial.

[10] *Dial.* 1833, § 1, p. 267.

[11] *Ibid,.* 1814, I, § 17, p. 58.

En langage kantien, elle est la condition de possibilité du philosopher et non le philosopher en soi. La dialectique est au service de la philosophie. Et il faut entendre la philosophie dans son lien avec le savoir comme nous le verrons plus loin. De ce lien avec le savoir, Schleiermacher peut conclure : « en résumé la dialectique est donc *organon* du savoir, c'est-à-dire le siège de toutes les formules de sa construction. »[12] Si la dialectique est l'*organon* du savoir, à cause du lien intime entre le savoir et la philosophie, elle est aussi l'*organon* de la philosophie. Nous sommes ainsi amenés à clarifier la notion de philosophie telle que Schleiermacher la définit.

Si l'on s'interroge sur ce que veut dire philosopher, Schleiermacher répond : « Au sens plus étroit, philosopher signifie établir la philosophie, c'est-à-dire la connexion interne de l'ensemble du savoir. »[13] Il apparaît dans cette présentation que la philosophie se rapporte de façon directe au savoir. Ce qui implique que l'organe du savoir est aussi celui de la philosophie. C'est aussi en ce sens que le comprend Christian Berner lorsqu'il écrit : « La dialectique est [...] chez Schleiermacher l'organon du savoir ou de la philosophie, son instrument et en cela principalement une méthode au service de la pensée. Mais elle n'est pas pour autant une logique au sens classique : la logique formelle est critiquée au nom de la nécessaire compénétration de l'idéal et du réel, du spéculatif et l'empirique ou de la théorie et de l'empiric. »[14] Cette

---

[12] *Dial.* 1814, I, § 51, p. 70.

[13] *Dial.* 1814, I, § 4, p. 56.

[14] Christian BERNER, « Polémique, Confit, Contradiction : notes sur la fondation dialectique de la philosophie chez Schlegel, Schleiermacher, et Hegel », *Revue Philosophie*, n° 51, Paris, Minuit, 1996, p. 49.

présentation de la dialectique, Schleiermacher prétend la tirer de la philosophie de Platon. Mais qu'en est-il en fait ?

Traducteur et interprète de Platon, Schleiermacher semble le considérer comme un philosophe systématique. Il pense qu'il faut chercher le système dans la philosophie platonicienne au-delà de la forme dialogique.[15] Mais le dialogue n'est-il pas un obstacle qui empêche de percevoir le système ? Si oui, comment peut-on le vaincre ? « Une lecture des dialogues ne peut parvenir au système qui les sous-tend qu'à condition d'être guidée par une théorie du dialogue. »[16] En quoi consiste cette théorie, quelle est sa détermination spécifique ? Il y a un présupposé qui fonde la théorie du dialogue en vue du savoir, et ce présupposé est l'Etre suprême. « Ainsi Schleiermacher comprend-il la dialectique de Platon (et donc la sienne propre) comme présentation d'un savoir fini, mais qui reçoit son orientation de l'idée du savoir, de la connaissance de Dieu. »[17]

Ada Neschke s'appuie sur la lettre de Schleiermacher à Jacobi du 30 mai 1818 et notamment sur le passage suivant : « nous ne pouvons pas établir un concept réel d'un Etre suprême, mais toute philosophie authentique consiste seulement dans l'idée que la vérité ineffable de cet Etre suprême est au fondement de toute notre pensée et de notre sentir et le développement de cette

---

[15] Pour plus de précisions à ce sujet, voir l'article d'André LAKS « platonisme et système chez Schleiermacher : des Grundlinien à la Dialectique » dans *La naissance du paradigme herméneutique. Schleiermacher, Humboldt, Boeckh, Droysen,* A. Laks et A. Neschke (éd.), Lille, PUL, 1990, pp. 155-181.

[16] André LAKS, *op. cit.*, p. 156.

[17] Ada NESCHKE-HENTSCHKE, « Platonisme et tournant herméneutique au début du XIXe siècle en Allemagne », dans *La naissance du paradigme herméneutique, op cit.*, pp. 129-130.

intuition est précisément ce qu'à mon avis Platon avait en vue sous le titre de la dialectique. »[18] La dialectique est donc à comprendre comme la théorie de l'Etre suprême qui fonde le savoir et le sentiment humains. Ce n'est pas encore le lieu de montrer comment Dieu est le fondement du savoir ; nous y reviendrons plus loin. Il importe de noter que l'Etre suprême est au centre de la dialectique et celle-ci doit montrer comment il est fondement de tout savoir humain. C'est l'idée de ce fondement qui unifie tous les savoirs.

Cependant, même si Schleiermacher se réclame de Platon en ce qui concerne la dialectique, ce serait ignorer la spécificité de sa propre dialectique que de la réduire à celle de Platon. Le rapport au savoir dans les dialogues de Platon n'est pas le même que chez Schleiermacher. En ce sens André Laks note : « Ce qui s'affronte dans le dialogue selon Schleiermacher, ce sont deux non-savoirs relatifs visant un même savoir absolu, au lieu que le dialogue platonicien [...] met en scène la communication du savoir à un non-savoir. »[19] Les propos de Schleiermacher ne visent pas un savoir absolu, puisque l'individualité qui incarne le savoir le limite et le rend toujours relatif. Un sujet relatif du savoir ne saurait incarner un savoir absolu. Son être est la mesure de son savoir et lui impose ses caractéristiques propres.

Tout se passe comme si le savoir n'était possible que dans une relation intersubjective. Le sujet connaissant ne peut pas se fier à sa seule raison. Il faut aussi que son

---

[18] Schleiermacher, lettre du 30 mai 1818 à Jacobi, trad. de l'allemand par Jean Greisch, *in Etre et Langage, les quatre piliers de l'idée occidentale du langage*, inédit, cours polycopié, Paris, 1992, pp. 194-195.

[19] André LAKS, *op. cit.*, p. 179.

savoir soit confirmé par un autre sujet. Mais la situation est différente dans le dialogue platonicien. Les interlocuteurs dans la plupart des cas ont des positions différentes. Le dialogue cherche alors à établir, par la lumière de la raison, qui est dans le vrai. Ici, la raison est souveraine, on n'a pas besoin d'un autre pour confirmer le savoir que l'on a. Le savoir se présente comme une adéquation à la seule raison logique. C'est ainsi que Socrate, dans les dialogues de Platon, pousse ses interlocuteurs à la contradiction pour bien montrer qu'ils n'ont pas le savoir qu'ils prétendent avoir. Le dialogue ne vise pas à confirmer le savoir commun ou partagé, mais à établir sa rationalité en réfutant les opinions communes. Pour Schleiermacher, c'est une véritable construction dialogique qui conduit au savoir, ce qui signifie que le seul caractère rationnel ne suffit pas, il faut encore que mon savoir soit confirmé par une autre personne capable de penser. Tel n'est pas le cas pour Platon.

Après cette clarification des deux perspectives du dialogue, il faut observer que la dialectique met l'être suprême au fondement du savoir et la philosophie doit penser cet être. Voilà pourquoi Schleiermacher dit que : « La philosophie est la pensée suprême accompagnée de la conscience suprême. »[20] Cette définition quelque peu énigmatique fait référence au fondement transcendant de tout savoir, c'est-à-dire Dieu. Si la philosophie doit établir la connexion de l'ensemble du savoir, elle ne peut accomplir cette tâche que si un fondement suprême lui est donné. Ce fondement est l'idée du savoir suprême, c'est-à-dire Dieu comme unité absolue de l'idéal et du réel. C'est seulement à partir de là que tout savoir peut être rapporté à un fondement et que la connexion de tout le savoir est

---

[20] *Dial.* 1814, I, § 6, p. 56.

rendue possible. Il faut être en possession de l'idée suprême du savoir, pour déterminer l'ensemble du savoir de façon systématique. Chaque savoir particulier doit renvoyer à l'idée même de savoir pour s'intégrer au système entier du savoir. Ainsi la philosophie doit-elle conduire l'ensemble du savoir au fondement suprême. Car « tout être est dérivé de Dieu, et toute pensée est subsumée sous la pensée de Dieu. »[21] Si toute pensée est subsumée sous la pensée de Dieu, Dieu est la pensée suprême, comme totalité de toute pensée, rien ne peut se penser en dehors de lui.

Si, d'une part, la philosophie est la pensée suprême en ce sens qu'elle pense le fondement suprême, et si, d'autre part, elle veut établir la connexion de l'ensemble du savoir pour que celui-ci apparaisse comme un système, alors elle doit trouver un principe qui guide sa démarche. C'est pourquoi la dialectique en tant que principe peut se présenter comme instrument de la philosophie. Car « sans principe de construction, et donc sans absolu, on ne pourrait rien savoir en physique ou en éthique. »[22] Schleiermacher identifie explicitement le principe de la construction du savoir à l'absolu d'une part, et d'autre part il fait de cet absolu la condition de possibilité du savoir. La dialectique comme principe du philosopher développe l'idée de l'absolu, ou du moins celle que l'absolu est au centre de la dialectique. La dialectique est « l'image sans contenu du savoir suprême. »[23] On ne saurait poser le savoir sans poser en même temps l'être suprême, c'est-à-dire l'idée du savoir et même du savoir absolu, comme identité de l'idéal et du réel. Ainsi, « dans chaque savoir

---

[21] *Dial.* 1811, § 115, p. 313.
[22] *Dial.* 1811, § 97, p. 312.
[23] Christian BERNER, article, *op. cit.*, p. 48.

qui est concept, un être suprême est donc posé. »[24] Tout savoir conceptuel exige l'absolu, l'être suprême comme condition de son existence effective. On ne peut savoir sans idée du savoir, et c'est l'être suprême qui est l'idée du savoir.

La pensée suprême ne se donne à saisir que si elle est incarnée dans une conscience concrète. Nous parlons d'incarnation de la pensée suprême et non du savoir suprême. Depuis Kant nous savons qu'il y a une différence entre penser et savoir. On peut avoir la pensée de Dieu sans avoir sa connaissance. En effet, si l'on identifie la pensée suprême à Dieu, elle ne peut plus être objet de savoir, elle est la condition de possibilité du savoir sans être l'objet d'un savoir. Sans conscience, il n'y a pas de savoir. Tout savoir est porté par une individualité qui lui donne son existence, sa manifestation concrète, historique. L'universel ne se donne que dans le particulier. C'est ce qui condamne « les formules usuelles de la philosophie transcendantale qui veulent poser un savoir objectif universel abstrait de toute individualité, et de cette façon n'obtiennent cependant qu'une forme sans contenu et indéterminée. »[25] C'est l'individualité du chercheur qui donne au savoir un contenu et une détermination précise. Cela semble une évidence, mais encore fallait-il que Schleiermacher le réaffirme pour que la visée universelle du savoir n'occulte pas l'individualité.

Il reste à comprendre pourquoi Schleiermacher définit la philosophie comme « la pensée suprême accompagnée de la conscience suprême ». Si la pensée suprême est Dieu comme unité de l'idéal et du réel, alors

---

[24] *Dial.* 1811, § 102, p. 312.

[25] Brouillon zur Ethik, 1805-1806 Werke, II, Braun, p.175., cité par André LAKS, op. cit., p. 175.

seule la conscience comme unité relative de l'idéal et du réel est le lieu de sa donation. C'est la conscience qui saisit l'unité relative et constitue en chaque individualité l'analogue relatif de l'unité absolue. C'est pourquoi Schleiermacher dit : « *L'être de la conscience en nous est également un être de Dieu.* »[26] Il est important de noter que Dieu est présent à l'individu dans sa conscience. En d'autres termes, « nous pouvons dire qu'avec notre conscience nous est aussi donnée la [conscience] de Dieu. »[27] Si l'être de la conscience est également un être de Dieu, la conscience individuelle devient le lieu de la révélation de Dieu, le lieu où le divin se donne et se manifeste. Ainsi l'individu, parce qu'il porte en lui le divin ou la pensée du divin, peut ouvrir la philosophie à la possibilité de le saisir. L'individu est le lieu de la manifestation du divin. La philosophie devra donc intégrer l'individu dans ses analyses si elle veut comprendre ce qui est donné et signifié en lui. Ceci a comme conséquence qu'il faut éviter de sacrifier l'individualité sur l'autel de l'universalité, même si toute philosophie vise l'universel.

La dialectique et la philosophie entretiennent des rapports intimes et complexes qu'il n'est pas question pour nous d'analyser en détail. Mais nous avons voulu montrer que les deux notions sont irréductibles l'une à l'autre. La dialectique opère au sein de la philosophie comme son *organon*, elle définit les principes de l'art de philosopher. La dialectique doit donc déterminer les principes qui permettent d'accéder au savoir. Mais, à la différence de ce qu'elle est chez Hegel par exemple, chez Schleiermacher, elle n'est pas réductible à un moment de la logique. Pour Schleiermacher, « L'être suprême est au fondement de

---

[26]*Dial.* 1814, I, § 216, 1, p. 186. C'est nous qui le soulignons.
[27]*Dial.* 1814, I, § 215, p. 184.

toute notre pensée et tout notre sentiment » comme il le dit dans sa lettre à Jacobi que nous avons déjà citée. Ce présupposé ne s'appuie sur aucune expérience empirique. C'est pourquoi Schleiermacher lui-même parle d'une « vérité ineffable » pour bien souligner ce caractère transcendantal. La dialectique est radicalement orientée vers le savoir, c'est pourquoi elle doit établir les principes qui permettent d'y accéder.

Sachant qu'il ne dépend pas de l'homme que sa pensée corresponde à l'objet, comment garantir son savoir ? Qu'est-ce qui lui permet d'affirmer que sa pensée se rapporte à quelque chose au dehors de lui, et donc qu'il a atteint le savoir ? C'est bien à cette question que la dialectique s'efforce de répondre et de trouver un garant du savoir humain. Mais trouver le garant ou le fondement du savoir, ce n'est pas encore construire le savoir. C'est pourquoi la dialectique est aussi l'art de construire le savoir dans son effectivité ce qui est sa deuxième visée.

C'est ici qu'apparaît clairement le projet architectonique de la dialectique. Elle met en forme la totalité du savoir et unifie les deux parties de la philosophie que sont la physique et l'éthique. « La dialectique ayant pour tâche d'asseoir l'unité de la raison et de la nature est inséparable des parties qu'elle fonde, à savoir tant l'éthique que la philosophie de la nature. De ce fait, elle ne saurait être une simple partie de l'éthique, car elle romprait alors indéfectiblement l'équilibre entre l'idéal et le réel au profit de l'idéalisme. La dialectique, dans la systématisation du savoir chez Schleiermacher, est un troisième terme qui flotte entre les deux autres, qui n'existe pas sans eux mais qui les rend possibles. »[28]

---

[28] Christian BERNER, *op. cit.*, p. 105.

La dialectique dans son rôle architectonique doit construire l'édifice du savoir en rattachant les différents savoirs les uns aux autres. C'est elle qui doit rassembler les diverses sciences et servir de principe unificateur à cette diversité. Car « au-dessus du système des sciences coordonnées il doit y avoir, pour elles, des principes communs, une architectonique. »[29] Le savoir se présente comme une totalité organique. Il ne saurait être une simple juxtaposition des différentes sciences. L'architectonique permet d'articuler et d'unifier la diversité des sciences en un système analogue à un organisme. Tout comme dans un organisme, les différentes parties exercent un rôle spécifique mais sont reliées entre elles de façon à constituer un tout cohérent et fonctionnel. Le système de Schleiermacher peut se résumer par le tableau suivant[30] : l'éthique y apparaît comme la science spéculative de l'action de la raison sur la nature.

	RAISON	NATURE
IDEAL	*(éthique)* science spéculative	*(physique)* science spéculative
REEL	*(histoire)* science empirique	*(sciences de la nature)* science empirique

---

[29] *Dial.* 1811, § 3, cité par Christian BERNER, *op. cit.*, p. 104.

[30] Nous empruntons ce tableau de la présentation de la *Dialectique* de Schleiermacher faite par C. Berner et D. Thouard, *op. cit.*, p. 52.

2. Le savoir : identité de l'idéal et du réel

Qu'est-ce que le savoir ? Comment peut-on le définir sans caricature et sans trahison préjudiciable à sa nature ? Est-il l'enregistrement passif des données empiriques dans la mémoire ? Est-il l'appropriation du réel par la pensée ?

Si on s'interroge sur ce que Schleiermacher entend par savoir, on remarque qu'il lie la pensée et le savoir. Le savoir n'est pour lui qu'une forme spécifique de la pensée. D'où la définition suivante : « est savoir la pensée qui a) est représentée avec la nécessité d'être produite de manière identique par tous les êtres capables de penser ; et qui b) est représentée comme correspondant à un être qui est pensé en elle. »[31] Dans cette définition du savoir, on note que Schleiermacher ne suit pas la tradition qui définit le savoir par l'adéquation de l'être et de la pensée. Le propre du savoir n'est pas la correspondance entre la pensée et l'être mais une certaine universalité, c'est-à-dire la possibilité que la même pensée soit produite de manière identique par tout être capable de penser. L'identité de production n'est pas seulement le gage de l'universalité mais est aussi la marque du savoir. Dès lors le savoir ne se conçoit plus comme étant enfermé dans le seul individu connaissant. Il est ouvert, au contraire, à une certaine communauté de penser qui arrache le savoir à la subjectivité de l'individu connaissant. Une pensée qui ne peut être produite de manière identique par d'autres sujets pensants n'est pas un savoir. Certes, « tout savoir est une pensée, mais toute pensée n'est pas savoir. »[32] Il ne faut

---

[31] *Dial.* 1814, I, § 87, p. 82.
[32] *Dial.* 1814, I, § 86, p. 82.

donc pas identifier le savoir et la pensée. Celle-ci n'est qu'un aspect du savoir, qu'il faut compléter par la référence à l'objet.

En plus de la pensée qui doit être produite de manière identique par tous, le savoir requiert aussi qu'un objet soit donné. Autrement dit, il faut qu'un objet extérieur à la pensée soit posé. « ''*On pense quelque chose*'' ne signifie pas seulement que la pensée est déterminée, mais aussi qu'elle se rapporte à quelque chose qui est posé hors d'elle. »[33] Une pensée qui s'enferme sur elle-même, et ne pose pas un objet comme son référent, ne saurait déboucher sur un savoir. Une pensée complètement coupée de l'objet ne peut être un savoir. « Le savoir est cette pensée qui est le produit de la raison et de l'organisation en leur type universel. »[34] Il faut tenir ensemble les deux éléments, qui sont l'objet et la pensée universelle se rapportant à cet objet, pour déterminer le savoir. Peut-on séparer ces deux facteurs du savoir sans détruire les conditions de possibilité du savoir ? L'un ne va pas sans l'autre. L'absence de l'un conduit nécessairement à la suppression du savoir. C'est pourquoi Schleiermacher peut écrire : « une pensée à laquelle aucun être n'est posé comme correspondant, comme par exemple les fées, les centaures, etc., n'est pas du tout un savoir. »[35] La pensée qui se pense elle-même n'est pas un savoir et l'objet qui n'est pas pensé n'est pas un savoir non plus. Seule la pensée qui pense un objet ou qui fait référence à un objet définit le domaine du savoir.

La simple référence à l'objet ne permet pas de déterminer le savoir dans sa nature propre. Il ne suffit pas

[33] *Dial.* 1814, I, § 94, p. 84.
[34] *Dial.* 1814, I, § 92, p. 84.
[35] *Dial.* 1822, XX, p. 87.

qu'une pensée fasse référence à un objet pour être savoir. En effet, « toute pensée qui, bien que rapportée à quelque chose qui est posée en dehors d'elle, n'est pas posée comme s'accordant avec lui, n'est pas savoir. Il faut ici compter principalement : 1) la libre imagination, qui cherche à déterminer de façon plus précise un objet pensé de manière indéterminée. 2) Tout ce qui relève du domaine scientifique, mais qui n'y est encore avancé qu'à titre d'hypothèse. »[36] Lorsqu'un objet n'est pas objectivement déterminé, la pensée qui se rapporte à cet objet n'est pas savoir. Si un objet n'est pas donné, comment les êtres pensants peuvent-ils avoir une pensée identique relative à cet objet ? C'est pourquoi le savoir ne peut concerner que les objets qui nous sont effectivement donnés. Lorsque l'objet nous est donné, il faut encore que la pensée qu'on y rattache soit identique pour tous les êtres pensants. Quand il ne s'agit que d'hypothèses, cette pensée n'est pas encore savoir. Il faudra attendre que les hypothèses soient vérifiées ou validées par l'expérience de tous ceux qui sont capables de penser pour devenir savoir.

Ici surgit une difficulté que Schleiermacher signale à ses auditeurs. « Comment parvenons-nous à rapporter la pensée à quelque chose hors de nous ? »[37] Cette question pose le problème de l'adéquation entre l'être et la pensée. La réponse de Schleiermacher est de dire que c'est la communauté d'individus pensants qui rend possible un tel acte. C'est lorsque plusieurs êtres pensants se réfèrent au même objet posé hors de la pensée qu'on peut dire que la pensée se rapporte effectivement à cet objet. Schleiermacher semble ainsi lier la connaissance à la reconnaissance par autrui donc à l'intersubjectivité d'une

---

[36] *Dial.* 1814, I, § 96, p. 86.
[37] *Dial.* 1822, XIX, p. 85.

communauté de chercheurs de la vérité. « Ce qui veut dire que les actes de pensée d'un individu ne sont souvent un savoir qu'unis aux actes de pensée d'un autre [individu], de sorte que les actes de pensée des individus s'imbriquent les uns dans les autres et se complètent pour [former] le savoir. »[38] Autrui est le garant de ma connaissance puisque c'est par lui que ma connaissance acquiert une objectivité ou une universalité. Mais cette universalité reste encore liée à la pensée. Comment atteindre l'objet lui-même ?

Une pensée vide ne saurait être un savoir ; il faut qu'il y ait une correspondance entre la pensée et l'objet. « Un savoir est donc un acte de la pensée qui peut passer de la pensée à la perception et inversement, sans que ce qui est posé en lui soit modifié. »[39] C'est dans ce mouvement que la pensée se fixe sur un objet et ne peut plus être une pensée vide. Ce n'est que dans la mesure où elle n'est plus une pensée abstraite, qu'elle peut prétendre au savoir. Il ne suffit pas que les individus pensent de façon identique pour qu'il y ait savoir, mais il faut encore qu'ils pensent le même objet. Une pensée identique qui n'atteint pas un objet précis ne peut pas se présenter comme un savoir. Dans tous les cas, il faut maintenir la pensée identique et la référence à un objet hors de la pensée pour parler du savoir. On n'est pas obligé d'admettre que le savoir se présente ainsi. On peut objecter que la différence entre objet et penser est irréductible. Schleiermacher lui-même a envisagé cette objection. C'est pourquoi il écrit : « on pourrait assurer que l'accord de la pensée et de l'être est une pensée vide en raison de la différence et de l'incommensurabilité absolue des deux. Mais il nous est donné dans la

[38] *Dial.* 1814, I, § 121, p. 98.
[39] *Dial.* 1814, I, § 130, p. 100.

conscience de soi d'être les deux : pensée et chose pensée, et d'avoir notre vie dans l'accord des deux. »[40] La conscience de soi est le lieu où l'on saisit la correspondance entre la pensée et la chose pensée. N'est-ce pas une manière de justifier le savoir par la dimension psychologique de la conscience ? En dehors de cette dimension psychologique, comment la philosophie peut-elle rendre compte autrement de la correspondance entre la pensée et l'objet ? Cette question renvoie à la forme du savoir que nous aborderons ci-dessous. Mais avant d'y arriver il convient de préciser un point. Si tout savoir est une pensée, encore faut-il déterminer ce que veut dire penser.

« Qu'est-ce que penser ? Réponse : l'activité de l'esprit qui s'achève dans l'identité avec le discours et qui se rapporte à quelque chose qui est posé à l'extérieur de l'activité elle-même. »[41] On peut se demander si cette définition de Schleiermacher n'est pas conditionnée par sa conception du savoir qui rapporte la pensée à quelque chose posé hors d'elle. Mais il semble que Schleiermacher distingue l'activité de l'esprit et l'objet de la pensée. Penser c'est toujours penser quelque chose même si cette chose n'est pas donnée dans l'expérience empirique. Si rien n'est donné comme objet de la pensée, il n'est pas possible de discerner l'activité pensante de l'esprit. Seule la chose pensée manifeste l'activité de l'esprit. Il ne faut pas confondre la pensée en général et la pensée du savoir. Celle-ci exige en plus que son objet soit donné. La pensée qui porte sur un objet imaginaire est une pensée mais elle ne peut être un savoir.

---

[40] *Dial.* 1814, I, § 101, p. 88.
[41] *Dial.* 1822, XIX, p. 83.

Schleiermacher établit un lien précis entre la pensée et le langage ou plus exactement l'identité du discours et de la pensée. Ce rapport entre langage et pensée est longuement analysé par Christian Berner.[42] Nous n'y revenons pas. Nous soulignons seulement que Schleiermacher indique clairement que « le langage est la manière pour la pensée d'être effective. Car il n'y a pas de pensée sans discours. [...] Sans les mots la pensée n'est ni achevée ni claire. »[43] Du fait que la pensée ne s'extériorise que par la langue et que la langue porte la marque de la relativité et de la finitude de l'individu, la pensée est elle aussi marquée par cette relativité et cette finitude. Or si tout savoir est pensée, même si toute pensée n'est pas savoir, le savoir lui aussi est pris dans la relativité et la finitude. Il n'y a pas de savoir en dehors de la pensée, il n'y a pas de pensée en dehors de l'individu pensant. Cette individualité limite le savoir à son seul horizon et interdit l'accès au savoir absolu.

A quelle condition le savoir est-il possible ? Comment penser un savoir qui établit un rapport entre la raison et la nature ? Pour rendre compte de ce rapport, Schleiermacher postule deux fonctions : la fonction organique et la fonction intellectuelle. Le savoir n'est possible que par le concours de la fonction intellectuelle et dc la fonction organique, c'est-à-dire de l'entendement et de la sensibilité. Si « l'activité de la fonction organique sans aucune activité de la raison n'cst pas encore une pensée », « l'activité de la raison, lorsqu'on la pose sans aucune activité de l'organisation, ne serait plus une pensée. » Ceci s'explique pour Schleiermacher par le fait

---

[42] Christian BERNER, *op. cit.*, pp. 83-86.

[43] *Hermeneutik und Kritik*, éd. et introd. Manfred Frank, Francfort-sur-Main, suhrkamp, 1977, p. 77. Cité par C. Berner, *op. cit.*, p. 83.

que « moins il y a d'activité organique, plus la vie immédiate de la pensée est supprimée. »[44] Pour le dire plus simplement, la pensée, malgré sa spécificité, résulte de l'activité organique. Si l'on supprime l'activité organique du cerveau, aucune pensée n'est plus possible. Il faut que les fonctions organiques du cerveau soient opérationnelles pour que la pensée puisse naître.

Cette présentation s'apparente à la théorie kantienne de la connaissance. Pour Kant, la connaissance dépend du concours des concepts de l'entendement et des intuitions de la sensibilité. C'est pourquoi il écrit : « Des pensées sans contenu sont vides, et des intuitions sans concepts sont aveugles. »[45] Schleiermacher, dans sa présentation, paraphrase cette formule lorsqu'il dit : « Sans unité et multiplicité la variété est indéterminée ; sans variété l'unité et la multiplicité déterminées sont vides. Le travail de la raison dans la pensée est donc de déterminer ; le travail de l'organisation est d'y apporter la vie. »[46] A la différence de Kant, Schleiermacher ne distingue pas l'activité de la raison de celle de l'entendement. Ce qu'il attribue à la raison relèverait en fait de l'entendement dans la philosophie kantienne. Il faut distinguer dans la connaissance l'activité de la raison et l'activité organique ou de la sensibilité. Mais ces deux activités se rapportent-elles au même être ? Autrement dit, l'être est-il écartelé entre les deux déterminations distinctes que sont l'idéal et le réel ?

A cette question Schleiermacher apporte la réponse suivante : « Puisque l'activité de la raison est fondée dans l'idéal, alors que l'activité organique, en tant qu'elle

---

[44] *Dial.* 1814, I, §§ 108 et 109, p. 90.
[45] KANT, *Critique de la raison pure*, *op. cit.*, p. 77.
[46] *Dial.* 1814, I, § 119, p. 96.

dépend des effets des objets, l'est dans le réel : l'être est donc posé aussi bien de manière idéale que réelle ; comme mode de l'être, l'idéal et le réel progressent parallèlement. »[47] L'idéal et le réel ne sont pas deux êtres différents mais seulement deux modes différents du même être. Que faut-il donc entendre par idéal et réel ? « L'idéal est ce qui, dans l'être, est le principe de toute activité rationnelle, dans la mesure où celle-ci ne dérive en rien de l'activité organique, et le réel est, dans l'être, ce au moyen de quoi il est principe de l'activité organique, dans la mesure où elle ne dérive en rien de l'activité de la raison. »[48] L'idéal et le réel désignent le même être sous les rapports de la raison et de la sensibilité. L'être qui fonde l'image est l'être réel, et l'être tel qu'il est au fondement du concept est l'être idéal. Ainsi l'être se présente à l'homme toujours à travers cette opposition entre l'idéal et le réel. Schleiermacher présente l'être idéal comme l'être interne qui se concentre dans l'unité suprême et l'être réel comme l'être externe qui s'élargit dans la totalité des sphères du savoir relatif[49]. Il faut pourtant une unité de l'être idéal et de l'être réel pour qu'advienne le savoir. « Le transcendantal auquel nous parvenons à partir de là est donc l'idée de l'être en soi sous deux espèces, ou formes et modes opposés se rapportant l'un à autre, l'idéal et le réel, comme condition de la réalité du savoir. »[50]

L'erreur de l'idéalisme est de prétendre aboutir au savoir en se limitant seulement à l'aspect idéal de l'être et

[47] *Dial.* 1814, I, § 132, p. 106.
[48] *Dial.* 1814, § 133, p. 106.
[49] *Dial.* 1822, XXVIII, p. 107.
[50] *Dial.* 1814, I, § 136, p. 108.

en faisant abstraction du réel. Celle du réalisme est de croire que le savoir réside uniquement dans le réel et ainsi de rejeter l'aspect idéal de l'être. L'idéalisme comme le réalisme commettent la même erreur, celle de présenter l'être de façon unilatérale, l'un se fixant sur l'aspect idéal et l'autre sur l'aspect empirique. Or nous avons vu que le savoir ne peut tenir que dans l'unité de l'idéal et du réel. Supprimer cette unité, c'est du même coup supprimer la possibilité du savoir effectif. C'est la raison qui donne l'intelligibilité de l'être en le sortant de son opacité pour le placer dans la lumière du concept. Le concept confère ainsi à l'être une détermination rationnelle qui le rend intelligible. Supprimer le concept c'est laisser l'être tomber dans l'indétermination. Par ailleurs, le concept a besoin de l'être réel pour ne pas être vide.

Si le savoir doit toujours être envisagé sous les deux aspects de l'idéal et du réel, quelles en sont les formes fondamentales ?

3. Les formes fondamentales du savoir : concept et jugement

Par « forme du savoir », il faut entendre l'aspect sous lequel le savoir se présente ou se manifeste. Pour Schleiermacher, « le savoir comme pensée n'existe sous aucune autre forme que sous celles du concept et du jugement. »[51] Concept et jugement résument la totalité des formes du savoir. Il n'est pas ici question du contenu du savoir. On remarque une certaine proximité avec la théorie kantienne du savoir. Cependant, la théorie de la connaissance de Schleiermacher est irréductible à celle de

---

[51] *Dial.* 1814, I, § 138, p. 112.

Kant. « Tandis que sens externe et sens interne chez Kant se présentent comme deux fonctions séparées, Schleiermacher pense l'ouverture vers l'intérieur comme l'expression d'une fonction unique, comme le témoignage de l'irréductible présence du corps à l'âme, de la nature à l'esprit. Le lien de l'intellectuel et de l'organique trouve son expression privilégiée dans la langue. »[52] Pour la constitution du savoir, il faut une activité rationnelle qui unifie la diversité issue de l'activité organique.

Le concept et le jugement ont pour principale fonction d'assurer l'unité. Autrement dit, le concept et le jugement doivent faire le lien entre les divers éléments du domaine considéré. Schleiermacher dit alors : « Le concept est liaison des caractéristiques, le jugement est liaison de concepts de types différents. »[53] Le concept lie les éléments déterminants et spécifiques, ce qui fait l'identité propre de chaque chose. Il permet ainsi de connaître la spécificité de la chose. Le jugement, par contre, établit des relations entre concepts. Comme il « représente partout le permanent et le jugement le changement »[54], il détermine ce qui est nécessaire à l'identification et le jugement détermine le contingent dans les relations conceptuelles. Le concept dit la nature de la chose considérée et la détermine dans son essence propre et spécifique. Il permet ainsi de dire avec plus de précision ce qu'est la chose considérée. Par exemple ceci est un livre. Ainsi cet objet accède à la connaissance comme livre.

---

[52] Pierre DEMANGE, *L'essence de la religion selon Schleiermacher*, Paris, Beauchesne, « Bibliothèque des archives de philosophie », 1991, p. 79.

[53] *Dial.* 1822, XXX, p. 113.

[54] *Dial.* 1822, XXXI, p. 113.

Le jugement par contre ne porte plus sur l'essence de l'objet en question, mais plutôt sur son rapport à autre chose, ses relations avec les autres objets. Il ne s'agit plus de dire ce qu'il est mais comment il est. Par exemple ceci est un livre de philosophie. Après avoir déterminé conceptuellement cet objet comme un livre, le jugement le détermine comme un livre de philosophie. C'est après avoir jugé le contenu ou le propos du livre en question qu'il est classé dans la catégorie livre de philosophie. Ce livre entretient une avec la philosophie Il y a alors un savoir supplémentaire par rapport au savoir conceptuel.

Si tout jugement consiste à établir des relations entre des concepts, il présuppose le concept. Il faut que le concept soit d'abord donné pour que le jugement puisse être porté. C'est du reste ce que reconnaît Schleiermacher quand il dit : « de par son essence, le jugement présuppose le concept. »[55] Les jugements sont d'autant plus parfaits que les concepts sont bien formés. Schleiermacher donne l'exemple suivant : « le jugement : ''cette flamme est blanche'' est plus parfait que le jugement ''quelque chose de blanc se montre ici'' auquel manque le concept déjà formé dans le premier. »[56] La précision du jugement est fonction de la détermination du concept. Plus le concept est précis, plus le jugement l'est également.

Mais le concept présuppose aussi le jugement car la détermination précise du concept se fait par un système de jugements. Pour fixer un concept, il faut construire l'ensemble des jugements qui lui donnent son caractère propre. Par exemple, la flamme n'est pas la braise. Si le concept présuppose le jugement et que le jugement présuppose le concept, on est alors pris dans un cercle.

---

[55] *Dial.* 1814, I, § 140, p. 112.
[56] *Dial.* 1814, I, § 141, p. 114.

Mais « le cercle comme tel se résout dans le double contenu positif suivant : 1. en aval de chaque point donné, chaque forme ne peut être perfectionnée qu'en liaison avec l'autre ; 2. en amont de chaque point donné, il en existe un où la conscience n'est qu'indifférence confuse de concept et de jugement. La formule ''Quelque chose brille'' en donne déjà une approximation. »[57] Le concept et le jugement se conditionnent réciproquement. Encore faut-il savoir distinguer le domaine propre à chacun d'eux. L'un relève de la fonction intellectuelle, c'est le concept ; et l'autre de la fonction organique, c'est le jugement.

Le système des concepts est fondé sur la fonction intellectuelle c'est-à-dire la raison. C'est ce qui confère aux concepts leur universalité. Ou, pour le dire autrement, l'universalité de la raison qui produit les concepts confère à ceux-ci leur portée universelle. L'identité de la raison en tous est aussi ce qui fonde la production commune des concepts. S'il y a homogénéité dans la production des concepts, c'est à cause de l'identité de la raison en tous. « S'il existe un savoir, alors le système de tous les concepts constituant le savoir doit être donné de manière intemporelle dans la raison une qui habite tous [les hommes]. »[58] La raison « est le lieu des concepts »[59], ce qui signifie que chaque concept est une manifestation de l'activité de la raison universelle. C'est dans ce sens de l'universalité de la raison que Descartes a pu dire que « le bon sens est la chose du monde la mieux partagée : car chacun pense en être si bien pourvu, que ceux qui sont les plus difficiles à contenter en tout autre chose, n'ont point

---

[57] *Dial.* 1822, XXXII, p. 115.
[58] *Dial.* 1814, I, § 176, p. 136.
[59] *Dial.* 1822, XXXIX, p. 137.

coutume d'en désirer plus qu'ils en ont. »[60] En effet, chacun pense que sa raison a en elle toute la faculté de distinguer le vrai d'avec le faux.

Si les concepts sont donnés de manière intemporelle dans la raison, peut-on parler de concepts innés ? Pierre Demange affirme que Schleiermacher fait sienne la doctrine cartésienne des idées innées.[61] Mais l'expression « concepts innés » est à utiliser avec réserve. Lorsqu'on parle de concepts innés, on peut croire que certains concepts sont innés et d'autres issus de l'expérience. Mais en fait, tous les concepts sont prédéterminés dans la raison, comme la plante est prédéterminée dans la semence ou dans la graine. Dans le langage d'Aristote, on dirait que tous les concepts sont contenus en puissance dans l'idée même de raison. Ce qui est inné, ce ne sont pas les concepts en tant que tels, mais la capacité de la raison à les engendrer. Il est de l'essence de la raison de produire les concepts, mais aucun concept particulier n'est inné.

Il y a risque à parler de concepts innés. Cela signifierait que certains concepts existent sans la fonction organique ou avant les affections organiques. On commettrait une erreur si l'on entendait par innéité la présence des concepts avant l'activité organique c'est-à-dire avant l'activité des sens. La raison n'est pas un réservoir de concepts mais contient seulement la possibilité de le produire. Pour les produire, elle a nécessairement besoin des affections organiques. En effet, si notre connaissance conceptuelle ne provient pas de l'expérience, elle commence malgré tout avec elle. C'est

---

[60] René DESCARTES, *Discours de la méthode*, Paris, GF-Flammarion, 1992, p. 23.
[61] Pierre DEMANGE, *op. cit.*, p. 80.

l'expérience sensible qui stimule la création des concepts. Ceci ne contredit en rien ce que Schleiermacher affirme dans les *Monologues* : « Est-ce que je ne porte pas éternellement en moi les formes éternelles des objets ? »[62]

Cette affirmation pourrait entraîner un malentendu, si l'on l'entend au sens de l'existence effective dans la raison des concepts innés. Que veut dire Schleiermacher en réalité ? Il semble qu'il veuille reconnaître une certaine vérité de la théorie des idées innées. C'est pourquoi il écrit : « cette présence intemporelle de tous les concepts dans la raison est ce qui est vrai dans la *théorie des idées innées*, dans la mesure où cette théorie s'oppose à celle qui ne considère tous les concepts que comme des produits secondaires issus de l'affection organique. Mais l'expression est fausse dans la mesure où elle implique que les concepts eux-mêmes sont posés dans la raison avant toute fonction organique ; au contraire, ils ne deviennent des concepts que dans la réunion des deux fonctions. »[63]

Si Schleiermacher admet la théorie des idées innées, c'est seulement parce qu'elle lui permet de réfuter le réalisme, ou l'empirisme qui ne reconnaît pas la dimension rationnelle de la connaissance. C'est pourquoi il précise en 1822 « si la raison n'est prédéterminée qu'à la formation des concepts, quelque chose d'autre doit encore médiatiser le passage dans la pensée véritable. »[64] Contrairement à Kant, Schleiermacher ne distingue pas entre la raison et l'entendement qui est la faculté des concepts. C'est pour cela qu'il parle de la raison qui forme

---

[62] *Monologues*, traduit de l'allemand par Louis SEGOND, Paris, 1837, p. 27.
[63] *Dial.* 1814, I, § 176, 4, p. 138.
[64] *Dial.* 1822, XL, p. 139.

les concepts. Ce qui unit les deux philosophes, c'est l'accord sur le fait que la connaissance se fait par le concours des concepts et de l'activité des sens.

Mais la *Dialectique* est très claire et n'hésite pas à dire : « l'égarement le plus grave avec l'expression ''concepts innés'', outre qu'elle implique que les concepts pourraient exister avant l'activité des sens, qui ne commence qu'avec la naissance, consiste à affirmer : ''il existe des concepts innés'', d'où il résulte que certains seraient innés, d'autres pas. »[65] La pensée de Schleiermacher ne fait plus guère de doute. Aucun concept ne peut préexister à l'activité des sens. Si la raison est une faculté intemporelle qui produit les concepts, ce que nous portons éternellement en nous, ce ne sont pas les concepts innés mais cette faculté qui les produit. En d'autres termes, « seul le schématisme de tous les concepts vrais est, comme élan vivant, inné à la raison. »[66]

Que dire du jugement ? Nous avons déjà signalé plus haut l'implication réciproque entre le concept et le jugement qui conduit à un cercle. Si la possibilité des concepts est donnée de façon intemporelle dans la raison, le jugement, lui, ne peut qu'être temporel c'est-à-dire, en termes kantiens, *a posteriori.* Le jugement a pour fonction de relier un prédicat à un sujet. Considérons l'exemple suivant : « Ce cheval est blanc. » Il n'est pas dans la nature du cheval d'être blanc mais c'est seulement une possibilité qui ne peut être connue que par la perception. « Dans le jugement, le sujet est un [être] posé en soi, le prédicat un être posé en un autre [être]. Avant le jugement, le prédicat est posé à l'extérieur du sujet et est donc son non-être. »[67]

---

[65] *Dial.* 1822, Ad § 176, p. 137.
[66] *Dial.* 1814, I, § 177, p. 140.
[67] *Dial.* 1814, I, §§ 157-158, p. 120.

Quand il y a un concept-prédicat on demande dans quoi il est posé. Quand on dit « blanc » on se demande ce qui est blanc. Quand il y a un concept-sujet on demande ce qui est posé. Le prédicat est toujours porté par l'être du sujet. Un sujet qui rassemble la totalité des prédicats ne peut être qu'un sujet absolu. C'est pourquoi Schleiermacher dit que « le sujet absolu est celui dans lequel tout l'être est posé et dont il n'y a donc rien à prédiquer. »[68] Mais un sujet absolu échappe au savoir, puisqu'il n'y a plus de distinction entre concept et objet. Or, notre savoir se tient dans la relation du concept et de l'objet. S'il y a identité du concept et de l'objet, cette relation est abolie et il n'y a plus de savoir. Une identité totale ou une fusion du sujet et de l'objet abolirait la distinction du concept et du jugement. S'il n'y a plus ni concept ni jugement, les seules formes de notre savoir, il n'y a plus de savoir.

Le jugement établit une relation entre concepts. Il lie les concepts-prédicats aux concepts-sujets. Le jugement n'est possible que si l'on présuppose le concept. « Dans la mesure où le jugement présuppose le concept, et plus précisément le concept du sujet, il n'y a que deux types de jugements, [à savoir] des jugements proprement dits qui énoncent dans le prédicat quelque chose qui n'est posé que selon sa possibilité dans le concept sujet, et des jugements impropres, qui énoncent quelque chose qui est posé de manière déterminée dans le concept du sujet. »[69] Exemple : dire que l'homme est mortel est un jugement impropre, car dans le concept de l'homme la mortalité est déjà impliquée. Dire que cet homme est philosophe est un jugement propre. On reconnaît sans peine la distinction kantienne des jugements analytiques et des jugements

[68] *Dial.* 1814, I, § 159, p. 120.
[69] *Dial.* 1814, I, § 155, p. 118.

synthétiques. Mais Schleiermacher pense qu'il ne faut pas maintenir la différence entre jugement analytique et jugement synthétique. Le jugement analytique n'apporte aucune connaissance supplémentaire, mais il n'est qu'une explication du concept. Kant lui-même l'avait dit [70], mais Schleiermacher n'en tient pas compte, ou du moins il ne le signale pas. La distinction kantienne n'est pas fausse, elle est peut-être seulement inutile. C'est sans doute pour cela que Schleiermacher conseille de ne maintenir que la distinction entre concept et jugement.

Le concept et le jugement sont limités en bas et en haut. « Le domaine du concept s'achève donc vers le bas dans la possibilité d'une variété de jugements, qui à leur tour peuvent être diversement réunis. C'est-à-dire que vers le bas, la limite du concept est l'inépuisable variété du perceptible. »[71] Lorsque le perceptible n'offre aucun caractère déterminé, lorsqu'il n'est pas possible de donner un contour précis à une perception, il ne peut y avoir de concept. Le concept décrit les caractères propres d'une perception et donc la délimite par rapport aux autres. « Vers le haut aussi, le domaine du concept s'achève donc dans une pluralité de jugements possibles. »[72] Le concept se détermine par la réunion d'un ensemble de jugements

---

[70] KANT, *Critique de la raison pure, op. cit.*, p.37.
« Les jugements sont analytiques quand la liaison du prédicat au sujet y est pensée par identité ; mais on doit appeler jugements synthétiques ceux en qui cette liaison est pensée sans identité. On pourrait aussi nommer les premiers *explicatifs*, les autres *extensifs*, car les premiers n'ajoutent rien au concept du sujet par le moyen du prédicat, mais ne font que le décomposer par analyse en ses concepts partiels qui ont été déjà (bien que confusément) pensés en lui ; tandis qu'au contraire les autres ajoutent au concept du sujet un prédicat qui n'avait pas été pensé en lui et qu'on n'aurait pu en tirer par aucun dénombrement. »

[71] *Dial.* 1814, I, § 147, p. 116.

[72] *Dial.* 1814, I, § 152, p. 118.

précis qui lui donne son caractère spécifique. Dans la variété indifférenciée des jugements, il n'y a pas de concept, ou, pour le dire autrement, l'infinité des prédicats n'est pas un concept, et c'est pourquoi cette infinité ou cette variété est la limite du concept.

Tout comme le concept, le jugement est aussi limité vers le haut et vers le bas. Vers le haut par le sujet absolu et vers le bas par la variété infinie des prédicats. Or nous avons vu que le jugement suppose que le concept de sujet et le concept de prédicat soient donnés. Si ces deux concepts ne sont pas donnés, il ne peut y avoir de jugement. C'est justement la non détermination de ces deux concepts qui constituera la limite du jugement. « Le domaine du jugement est donc limité d'un côté par la position d'un sujet absolu dont on ne peut rien prédiquer, de l'autre par la position d'une infinité de prédicats pour lesquels il n'y a pas de sujets déterminés, c'est-à-dire par une communauté absolue de l'être. »[73]

Ces limites peuvent-elles empêcher le concept et le jugement d'atteindre l'universalité ? L'universalité du concept se fonde sur l'identité de la raison en tous. Si la raison est la même pour tous, elle forme les mêmes concepts pour tous. On pourrait s'attendre à ce que l'universalité du jugement se fonde sur l'identité de la fonction organique. Tout comme la fonction intellectuelle est la même pour tous et conduit à l'universalité des concepts, on pourrait dire que l'identité de la fonction organique conduit à l'universalité du jugement. Mais Schleiermacher n'est pas de cet avis. Pour lui, « le savoir sous la forme du jugement, comme pensée produite par tous de façon identique, ne se fonde ni sur l'identité de la fonction intellectuelle, ni sur celle de la fonction

[73] *Dial.* 1814, I, § 163, p. 122.

organique. »[74] La raison en est que les mêmes affections ou les mêmes perceptions peuvent être rassemblées dans des jugements différents. Exemple : la pluie qui tombe sera jugée bienfaisante par le jardinier qui l'attend, elle sera jugée malfaisante pour un autre jardinier dont les plantes sont inondées.

Qu'est-ce qui fonde l'universalité du jugement ? « Il ne peut donc y avoir de production universelle des jugements que dans la mesure où celle-ci est fondée dans l'homogénéité du rapport entre la fonction organique et l'être posé hors de nous. Dans son activité, la faculté organique, ou l'affection organique, a deux côtés : l'un tourné vers l'intérieur, par rapport auquel elle est appelée *sensation*, et l'autre, tourné vers l'extérieur, à savoir vers l'être posé hors de nous qui nous affecte, par rapport auquel elle est appelée *perception.* »[75] L'universalité du jugement se fonde sur la perception et non sur la sensation. La perception renvoie à un référent extérieur identique pour tous, alors que la sensation exprime le caractère individuel de l'affection. Comme l'universalité ne peut concerner que ce qui est identique pour tous, elle ne peut se rattacher qu'à la perception.

En résumé, toute connaissance n'est possible que grâce à la coopération de la fonction intellectuelle et de la fonction organique. La connaissance où prédomine la fonction intellectuelle est la pensée au sens étroit (ici l'objet se fixe dans le concept), et la connaissance où prédomine la fonction organique est la perception (l'objet se fixe dans l'image). « L'image et le concept représentent donc le même être. »[76] Mais la prédominance d'une

---

[74] *Dial.* 1814, I,§ 189, p. 154.
[75] *Dial.* 1814, I, § 190, p. 156.
[76] *Dial.* 1814, I, § 129, p. 100.

fonction ne supprime pas l'autre au risque de supprimer la pensée elle-même et donc le savoir. L'intuition est le point d'équilibre entre les deux fonctions[77]. Cependant, il ne faut pas penser à un pur équilibre car le savoir est en devenir dans une oscillation entre les deux fonctions. Il faut résister à la tentation de croire que le savoir vrai résiderait uniquement dans l'intuition comme équilibre des deux fonctions. Mais « toute l'intuition est à subsumer sous l'une des deux formes. »[78] En effet, comme le dit Pierre Demange, « l'intuition, au sens où l'entend la *Dialectique,* joue en quelque sorte le rôle d'idée régulatrice, par rapport aux deux degrés du processus de la pensée. »[79] A quel moment peut-on dire qu'il y a un équilibre parfait entre la fonction intellectuelle et la fonction organique ? Ce moment est bien difficile à déterminer. La connaissance intuitive n'est qu'un état idéal dont la réalisation est très contingente.

---

[77] Pour plus d'information cf. Christian BERNER, *op. cit.*, p. 113.
[78] *Dial.* 1814, I, § 115, p. 94.
[79] Pierre DEMANGE, *op. cit.*, p. 82.

CHAPITRE II

LE FONDEMENT DU SAVOIR

1. Dieu comme fondement du savoir

Après cette tentative pour déterminer les formes du savoir, il faut se préoccuper de la condition de possibilité du savoir. Si le savoir est possible quel en est le fondement ? Schleiermacher présente le savoir comme une pensée qui peut être produite de manière identique par tout être capable de penser et qui se rapporte à un objet existant en dehors de la pensée. Comment parvenons-nous à rapporter la pensée à quelque chose qui est hors de nous ? Comment savoir que la pensée correspond à l'être ? Ne faut-il pas présupposer l'être absolu (déité) en qui est donnée l'identité de la pensée et de l'objet, soit de l'idéal et du réel ?

A en croire Ada Neschke-Hentschke, cette question semble être au cœur de la *Dialectique* de Schleiermacher. Pour elle, « Schleiermacher comprend la *Critique de la raison pure* de Kant en théologien : son attention se focalise sur les problèmes qui résultent de la critique kantienne pour le rapport entre le savoir et la croyance. »[1] La réfutation kantienne des preuves rationnelles de l'existence de Dieu, a mis Dieu hors du champ des savoirs. Il ne peut plus être le fondement de la connaissance et de l'être. « Or si Dieu, en tant que fondement de la

---

[1] Ada NESCHKE-HENTSCHKE, *op. cit.*, p. 126.

connaissance, cesse de garantir que la connaissance humaine atteint l'être des choses, la question de la correspondance entre l'être et la pensée reste ouverte. »[2] On peut donc dire que « le problème de Dieu et celui de la connaissance humaine forment couple. »[3]

L'idée même du savoir n'est-elle pas une idée *a priori* qui pose l'identité de l'être et de la pensée ? Si le savoir est dans cette identité, où celle-ci se trouve-t-elle donnée ? N'a-t-on pas davantage affaire à un présupposé qu'à une donnée de l'expérience empirique ? Qu'est-ce qui peut fonder cette définition ? La réponse de Schleiermacher est claire : « L'idée de l'être absolu comme identité du concept et de l'objet n'est donc pas un savoir. [...] Elle est en revanche le fondement transcendantal et la forme de tout savoir. »[4] Le savoir se fonde ainsi sur l'être absolu qui est lieu où se donne l'identité de la pensée et de l'objet ou de l'idéal et du réel. Pour poser le savoir, il faut présupposer un fondement qui soit sa condition de possibilité parce qu'il postule l'unité de la pensée et de l'objet. « Le transcendantal auquel nous parvenons à partir de là est donc l'idée de l'être sous deux espèces, ou formes et modes opposés se rapportant l'un à l'autre, l'idéal et le réel, comme condition de la réalité du savoir. »[5]

Si le savoir se fonde sur l'être absolu, comment cet être peut-il être en dehors du savoir ? Parce que « l'idée de

---

[2] *Ibid.*, p. 126.
[3] *Ibid.*, p. 126.
[4] *Dial.*, 1814, I, §§ 153-134, p. 118.
[5] *Dial.*, 1814, I, § 136, p. 108. Schleiermacher prend transcendantal et transcendant pour synonymes. Alors que chez Kant, le transcendant est ce qui est *en dehors de toute expérience* possible. Tandis que le transcendantal est ce qui est *avant l'expérience* mais destiné à servir dans l'expérience.

l'unité absolue de l'être, dans la mesure où l'opposition entre pensée et objet y est supprimée, n'est plus un concept. »[6]. Or le savoir, comme nous l'avons vu, ne se présente que sous deux formes, celles du concept et du jugement. L'idée de l'unité absolue de l'être n'étant pas un concept ne peut pas être non plus un jugement, puisque le jugement présuppose le concept d'une part, et d'autre part, il doit se fonder sur une perception ou être donné dans une expérience possible. Ce qui n'est ni un jugement ni un concept ne peut donc être un savoir. « L'absolu, la synthèse absolue, est inconnaissable, il est en-deçà ou au-delà de la possibilité de la connaissance, même s'il y a un savoir de ce non-savoir. »[7] Mais si l'absolu est en dehors de tout savoir, pourquoi recourir à lui pour fonder le savoir ? En d'autres termes : quelle est la raison d'être de l'absolu dans l'acte de la connaissance ? Est-il nécessaire de postuler un absolu ou la déité [8] pour fonder le savoir ?

On peut sans doute se passer de la déité pour fonder le savoir. Mais on se heurte alors à un problème. Comment la pensée se rapporte-elle à un objet hors d'elle ? Autrement dit, comment être sûr que la pensée atteint vraiment l'objet ? Husserl se pose la même question et note que « la présence des objets de connaissance dans la connaissance, qui, pour la pensée naturelle, va de soi, devient une énigme. »[9] Pour résoudre cette énigme, le

---

[6] *Dial.*, 1814, I, § 149, p. 116.

[7] Christian BERNER, art. *op. cit.*, p. 50.

[8] L'être absolu ou déité sont synonymes pour Schleiermacher. Il dit : « ce que nous recherchons à proprement parler comme correspondant dans l'être à la présupposition transcendante, c'est l'être inconditionné (déité, être suprême, absolu, également néant). » *Dial.*, 1822, Ad. § 183, p. 147.

[9]Edmund HUSSERL, *L'idée de la phénoménologie*, trad. Par Alexandre Lowit, Paris, PUF, « Epiméthée », 1993, p. 41. Cf. p. 63.

savoir a besoin de quelqu'un qui puisse garantir la correspondance entre la pensée et l'objet. Telle semble être la raison fondamentale qui justifie le recours à Dieu pour fonder le savoir. C'est pourquoi Schleiermacher dit : « L*a déité est hors de nous en ce qu'elle n'interpose pas une apparence trompeuse entre l'être hors de nous et notre volonté de savoir. Et c'est là notre croyance en Dieu dans la connaissance.* »[10] Le savoir est ainsi subordonné à la croyance que notre pensée appréhende effectivement l'être ou qu'elle lui soit adéquate.

Ce garant peut-il être autre que Dieu ? Peut-il être un autre sujet connaissant ? Schleiermacher semble ne pas envisager une telle possibilité puisqu'il faut que le garant soit capable de faire correspondre la structure de la raison et la structure de l'objet ou de l'être. Or un autre sujet connaissant n'est pas capable d'accomplir une telle tâche. Seul Dieu, pensé ici dans son activité créatrice, peut faire correspondre la structure de la pensée et de l'objet.

Seul l'être qui est auteur à la fois de la raison et du réel peut être pris pour fondement de savoir. Mais cet être n'est pas un objet de savoir, on ne peut que le postuler car il est objet de la croyance. « Pour Schleiermacher, la raison prend conscience que les fondements échappent et ne sont donnés que dans le sentiments de Dieu qui garantit le rapport à la réalité et la correspondance entre l'organisation de nos pensées et la structure du réel. »[11] C'est de cette manière que Schleiermacher réintroduit Dieu comme principe de la connaissance, alors que Kant l'en avait exclu pour n'en faire qu'un postulat de la raison pratique. Il critique d'ailleurs Kant quand il affirme : « La polémique de Kant contre l'ancienne métaphysique est

---

[10] *Dial.*, 1822, Ad. § 3, p. 211. C'est nous qui le soulignons.
[11] Christian BERNER, *op. cit.*, p. 51.

elle aussi troublée par des erreurs de compréhension. L'idée de la déité ne pourrait pas être régulatrice, principe du [savoir] formel, et cela pas seulement dans l'agir mais également dans la pensée, si elle n'était pas constitutive, à savoir constituant notre propre être. [...] Or Kant n'a pas mis en évidence la place de l'idée de déité et la connexion de son être dans la raison, mais il ne prend cette idée que comme une donnée [existant] on ne sait comment. »[12] Comment la déité est-elle constitutive de notre propre être ? Comment Schleiermacher le montre-t-il ? S'il ne veut pas lui-même tomber dans le reproche qu'il fait à Kant, il lui faut montrer comment Dieu est en nous comme partie constituante de notre être. C'est ce que nous verrons en étudiant le rapport entre le savoir et le vouloir.

2. Limites du savoir : Dieu et le chaos

Si la déité est le fondement du savoir et se trouve pourtant en dehors du savoir, se pose alors la question des limites du savoir. Où commence le savoir, quel est son domaine d'extension et où s'arrête-il ? Telles sont les questions que nous allons examiner maintenant. En ce qui concerne le savoir, il ne s'agit pas de limites extrinsèques. On ne parle ni de censurer ni de soustraire un domaine particulier au savoir. Le savoir, dans son processus, se heurte à deux limites qu'il ne peut franchir : Dieu et le chaos. Ce sont les seuils au-delà desquels il n'y a plus de savoir possible. En décrivant le savoir comme identité de l'idéal et du réel, Schleiermacher signifie que le savoir ne se tient que dans la combinaison de la fonction organique et de la fonction intellectuelle. Il faut que les deux agissent ensemble pour qu'il y ait savoir. Autrement dit, « en nous

[12] *Dial.* 1814, I, § 229, pp. 204.206.

en tenant au mouvement ascendant, nous ne pouvons poser en ce domaine que les concepts de *Dieu* et *chaos*, dans le premier toute activité organique est niée, dans le second toute activité intellectuelle. Saisis de cette manière, ils ne sont pas de véritable pensée. »[13] Dieu et le chaos ne sont pas les objets d'un savoir possible, mais sont plutôt les limites du savoir.

Pourquoi Dieu et le chaos forment-ils les limites du savoir ? Pour répondre à cette question, une présentation des deux concepts est nécessaire. Commençons par le chaos. Le chaos est à comprendre dans l'horizon de la matière. Schleiermacher l'appelle « la matière absolue »[14], afin de bien montrer que dans l'idée de chaos, il n'y a aucune activité intellectuelle. Or l'absence totale de toute activité intellectuelle supprime la possibilité du savoir puisqu'il n'y a plus aucune détermination possible. En effet, « si nous soustrayons la déterminabilité à la représentation de la variété indéterminée des impressions, [déterminabilité] qui contient la première tendance de la fonction intellectuelle, alors il reste le chaos, qui n'est à proprement parler plus une représentation, parce que nous ne pouvons plus ni la fixer à l'aide de caractéristiques ni l'animer en une image sensible, mais qui est une limite de la pensée. »[15]

Le chaos ne contient aucun élément intellectuel, aucun principe d'ordre qui peut rendre le savoir possible. Si la fonction intellectuelle n'investit pas la matière pour y apporter la détermination, il ne peut y avoir de savoir. Il détermine l'horizon en deçà duquel plus rien n'est connaissable. Cet en-deçà n'est pas une limite

[13] *Dial.* 1814, I, § 114, p. 94.
[14] *Dial.* 1814, I, § 186, p. 150.
[15] *Dial.* 1822, XXII, p. 95.

artificiellement imposée au savoir humain. C'est le lieu où le savoir s'arrête de lui-même parce que les conditions de sa possibilité ne sont plus assurées. Où situer le savoir par rapport au chaos ? « Avec l'être, le savoir lui aussi est inclus entre ces deux points qui ne sont posés que comme limites, à savoir le genre suprême, qui vaut simultanément comme cause suprême, et la matière absolue chaotique. Seul un être situé entre ces deux points peut nous être donné, et nous ne pouvons avoir de savoir que concernant un être situé entre ces deux points, puisque nous n'avons déjà plus de savoir de ces points eux-mêmes. »[16]

Le chaos n'est donc pas un objet du savoir. Il peut être considéré comme une idée régulatrice qui permet de penser la connaissance de la matière. Si le chaos est la matière sans forme, la matière absolue, sans détermination, alors une telle matière n'est pas donnée dans notre expérience humaine. Ce qui peut nous être donné, c'est l'ensemble des formes et des objets déterminés. Mais la raison peut concevoir l'idée de la matière indéterminée qui n'est donnée nulle part, mais constitue la limite du savoir. Comment sait-on que le chaos est la limite du savoir ? Puisqu'il n'y a aucune expérience du chaos comme tel, comment le chaos vient-il à l'idée ? Comment parvient-on au savoir de ce non-savoir ?

Une autre question liée à celle-ci est celle de la possibilité de prendre le chaos, qui n'est qu'une idée, comme limite du savoir empirique. Ce qui n'est pas matériel peut-il servir de limite à ce qui est matériel ? On pourrait dire que le savoir n'est pas seulement matériel mais comporte une dimension intellectuelle. Mais cela ne répond pas à la question. Le chaos est pensé non pas dans

[16] *Dial.* 1814, I, § 208, p. 176.

le domaine intellectuel mais matériel. En effet, Schleiermacher parle de « matière chaotique ou chaos matériel. »[17] Le chaos ne s'applique pas au domaine intellectuel mais matériel. Le chaos ne serait-il pas une idée régulatrice au sens kantien du terme ? Si tel est le cas, il est une exigence de la raison et non de la matière. Puisque la matière chaotique n'est donnée dans aucune expérience empirique, n'est-elle pas seulement le présupposé du savoir dans le domaine de la matière ? Les formes déterminées de la matière sont pensées comme surgissant de la matière indéterminée, c'est-à-dire du chaos.

Pour Schleiermacher, le monde résulterait de l'action de Dieu sur le chaos. Pour comprendre l'origine radicale du monde, au sens de la création *ex nihilo*, « la manière de procéder originelle consiste à ne prendre que ces deux-là ensemble pour le transcendant, pour l'être qui est au fondement de la réalité effective, à savoir Dieu et la matière en ce que le monde est formé par lui à partir d'elle. »[18]

Schleiermacher considère-t-il que la matière est éternelle ou créée par Dieu ? Si la matière est éternelle, cela suppose qu'elle conditionne Dieu ; or il est pensé comme l'Inconditionné. Si, par contre, la matière est créée, se pose la question du moment intermédiaire vide ; qu'était Dieu avant la création, puisqu'il est pensé comme éternellement créateur ? « L'une des formes est aussi imparfaite que l'autre et si la *natura naturans* préserve pour nous l'unité dans le transcendant, elle n'est pas assez transcendante ; mais pour ce qui est de Dieu et de la

---

[17] *Dial.* 1814, I, § 185, p. 148.
[18] *Dial.* 1822, XLII, p. 149.

matière on ne peut pas échapper à la dualité. »[19] Nous ne pouvons penser le réel et l'idéal que dans leur opposition dualiste.

Cependant, même si la structure de la matière absolue ou de la matière chaotique n'est pas précise, il reste que le monde n'est formé qu'à partir d'elle. C'est en ce sens que le chaos doit être considéré comme le présupposé transcendantal du savoir matériel. Il est ce à partir de quoi le monde est fait. « Dans la matière chaotique est posé le fondement indéterminé de toutes les affections organiques (certes uniquement de manière médiate). »[20] Cette parenthèse est importante car elle indique clairement que la matière chaotique n'affecte pas directement nos sens, mais passe par la médiation de la matière déterminée. Et c'est par l'affection que nous avons un savoir relatif à la matière.

« Du chaos, on peut dire indifféremment qu'il n'est rien (puisque toute détermination s'y trouve neutralisée) et qu'il est la matière absolue et massive substance première que le monde ne fait que modifier indéfiniment. »[21] Le chaos est pensé comme matière absolue indéterminée sur laquelle s'arrête le savoir. Même si on dit que le monde est formé à partir du chaos original, il n'est pas une donnée empirique, mais transcendantale.

Face au chaos, quelle est la limite du savoir du côté intellectuel ? « Si nous soustrayons à la chose la possibilité qu'elle affecte organiquement, alors il ne reste (correspondant au chaos) rien que le *simple être sans faire*.

---

[19] *Ibid.*, p. 149.

[20] *Dial.* 1814, I, § 185, p. 148.

[21] Jean-François MARQUET, « Chaos et culture dans les philosophies du romantisme allemand », *Les études philosophiques*, no 1, Paris, 1983, p. 57.

Il ne s'agit là également que d'une limite de la pensée, ce qui ressort du fait qu'elle n'est que l'indifférence entre l'opposition et la non-oppostion ; [...] elle ne désigne rien d'autre que le commencement possible de la pensée, à partir de l'aspect intellectuel. »[22] Un être qui n'agit pas est un être qui n'affecte pas, c'est un être dépourvu de matière. Car, dès qu'il y a matière, il y a affection organique. Penser un être dépourvu de matière c'est penser un être spirituel, symétriquement opposé au chaos. Si le chaos est la matière absolue, Dieu est la pensée absolue sans matière qui s'oppose à lui. Dans l'idée de Dieu est exclue toute affection organique ; Dieu est posé comme pure pensée. Une pure pensée n'est pas un savoir. Mais sans la pensée il n'y a pas de savoir non plus. Dieu est le fondement transcendant, c'est-à-dire l'identité absolue de l'idéal et du réel, il est la condition de possibilité du savoir sans être un savoir. Il est limite du savoir.

Cependant, Dieu ne limite pas le savoir de la même manière que le chaos. En effet, le chaos ne fait pas partie du savoir, alors que Dieu pose un problème spécifique : il est en même temps la limite du savoir et sa condition de possibilité. C'est comme si Dieu était en même temps à l'extérieur et à l'intérieur du savoir. L'idée de Dieu contient celle de l'unité du rationnel et de l'organique, de l'idéal et du réel, laquelle est constitutive de tout savoir. « Le principe suprême de tout être et de toute pensée n'est pas seulement à la fin et en dehors du savoir : il est aussi impliqué dans le savoir même. »[23] Si l'on peut concevoir le savoir sans idée du chaos, il n'est pas possible de le

---

[22] *Dial.* 1822, XXII, p. 95.
[23] Edmond CRAMAUSSEL, *La philosophie religieuse de Schleiermacher*, Genève-Paris, Alcan, 1909, p. 152.

concevoir sans cette unité dont l'idée de Dieu est le paradigme. Telle est la différence fondamentale entre Dieu et le chaos concernant les limites du savoir. L'implication de Dieu dans le savoir nous amène maintenant à étudier la relation entre Dieu et le monde considéré comme domaine du savoir effectif.

3. Dieu et le monde

Dieu et le monde ne se trouvent pas dans le même rapport que Dieu et le chaos. Dans ce dernier rapport, on pense ce qui est en dehors de tout savoir et constitue la limite externe du savoir. Mais le monde et Dieu sont davantage pensés dans l'espace du savoir possible. Nous avons vu que, sans l'idée de Dieu, le savoir n'est pas concevable. Mais Dieu est un fondement transcendant et non un savoir. « Le fondement transcendant demeure toujours hors de la pensée et de l'être réel, mais est toujours l'accompagnement transcendant et le fondement des deux. »[24] Après cette clarification, comment concevoir le rapport entre Dieu et le monde ?

Schleiermacher a une conception particulière du rapport entre Dieu et le monde. « Les deux idées, le monde et Dieu, sont des corrélats. »[25] On ne peut pas penser le monde sans Dieu ni Dieu sans le monde. « *Pas de Dieu sans monde,* de même que *pas de monde sans Dieu.* »[26] Ceci se fonde sur la conception qu'il se fait de ces deux idées. Elles se présentent à notre pensée comme des termes symétriquement opposés. « La déité est toujours posée comme unité sans multiplicité, alors que le

[24] *Dialectique* Odebrecht, Leipzip, 1942, p. 307. Citée par P. DEMANGE, *op. cit.*, p. 111.
[25] *Dial.* 1814, I, § 219, p. 194.
[26] *Dial.* 1822, LIV, p. 195.

monde [est posé] comme multiplicité sans unité ; le monde remplit l'espace et le temps, la déité n'est ni spatiale ni temporelle ; le monde est la totalité des oppositions, la déité la négation réelle de toutes les oppositions. »[27] Le monde est le domaine où le savoir se réalise effectivement. C'est le seul lieu où notre savoir se conçoit dans son extension possible. Tout ce qui est à savoir se trouve dans le monde, même si tout ce qui peut être connu n'est pas encore effectivement connu. Le monde est le champ du savoir et aucun savoir ne se trouve en dehors de lui.

En parlant du monde comme champ du savoir effectif, on peut penser que le monde nous est donné dans une perception empirique comme totalité de la multiplicité. Mais comme l'a bien vu Kant, le monde est une idée transcendantale. L'idée du monde n'est pas transcendantale dans le même sens que l'idée de Dieu. En effet, le monde est pensé en référence à la possibilité que nous avons de l'appréhender effectivement. Nous pouvons saisir le monde, non dans sa totalité, car cette saisie exigerait un processus infini. Ce que nous appelons « monde » est au moins partiellement saisi dans le savoir effectif que nous avons. Autrement dit, si le monde dans sa totalité ne nous est pas donné, il est en revanche partiellement donné dans le savoir relatif que nous en avons. Si l'on peut dire qu'une partie du monde nous est donnée, on ne peut en dire autant de Dieu. Il ne nous est ni partiellement ni totalement donné. C'est pourquoi Schleiermacher dit que « l'idée du monde n'est pas

---

[27] *Dial.* 1814, I, § 219, p. 194. En 1822, Schleiermacher donne la précision suivante : « *Dieu = unité avec exclusion de toutes les oppositions ; monde = unité avec inclusion de toutes les oppositions.* » *Dial*, LIV, p. 195.

transcendantale dans le même sens que l'idée de la déité. »[28]

La terminologie kantienne nous semble plus pertinente pour distinguer les deux idées. L'idée de la déité est une idée transcendante, c'est-à-dire en dehors de toute expérience possible, alors que l'idée du monde est une idée transcendantale, c'est-à-dire *a priori* mais destinée à rendre possible l'expérience. Le « transcendant » et le « transcendantal » ont en commun qu'ils ne dérivent pas de l'expérience ; c'est peut-être la raison pour laquelle Schleiermacher les tient pour synonymes. Dieu est une idée transcendante alors que le monde est une idée transcendantale comme ensemble de ce qui peut être connu. « De même que l'idée de la déité est le *terminus a quo* transcendantal et principe de la possibilité du savoir en soi, de même l'idée du monde est le *terminus ad quem* transcendantal et le principe de l'effectivité du savoir dans son devenir. »[29]

Le savoir présuppose l'idée de la déité, et le savoir effectif postule l'existence du monde. Pour Schleiermacher, on ne peut concevoir le savoir qu'à la lumière de la déité comme seul fondement possible, mais ce fondement ne nous est pas donné. Lorsqu'on parle de tout ce qui peut être su, le monde est le concept qui recouvre l'ensemble du connaissable. Cependant, « un être du monde en soi ne nous est pas non plus donné »[30], précise Schleiermacher. Du fait que le connu se donne effectivement, on risque d'extrapoler et de passer du particulier à la totalité, en disant que le monde est, lui aussi, donné. Dieu et le monde sont deux idées

---

[28] *Dial.* 1814, I, § 220, p. 194.
[29] *Dial.* 1814, I, § 222, p. 198.
[30] *Dial.* 1814, I, § 223, p. 198.

corrélatives qui déterminent le savoir. L'idée de Dieu le détermine dans sa condition de possibilité, et l'idée du monde le détermine dans son effectivité. Ainsi on ne peut concevoir le savoir sans poser Dieu et le monde. Une fois posées les conditions formelles du savoir, il faut maintenant examiner à quelle condition le savoir devient concret. Comment passe-t-on des conditions formelles au savoir effectif ? Comment se construit le savoir ?

CHAPITRE III

LA CONSTRUCTION DU SAVOIR

1. Le rôle de l'intersubjectivité

Pour Schleiermacher, la construction du savoir est intersubjective. En effet, si la vérité est unique, les langues qui l'expriment sont multiples, ce qui introduit des divergences relatives dans l'expression de la vérité du savoir. Celui-ci n'est pas un processus qui s'enferme dans l'individu connaissant, il a besoin des autres pour sa validité et son universalité. « Les actes de pensée d'un individu ne sont souvent un savoir qu'unis aux actes de pensée d'un autre, de sorte que les actes de pensée des individus s'imbriquent les uns dans les autres et se complètent pour [former] un savoir. »[1] Mais il reste à comprendre comment des individus différents peuvent unir leurs pensées. Compte tenu du fait que, des mêmes perceptions les individus ne forment pas les mêmes jugements, il faut se demander comment ils peuvent arriver à un accord. Comment arbitrer les représentations conflictuelles et parvenir à un accord ?

La *Dialectique* peut être comprise comme un effort pour répondre à cette question. Schleiermacher dit précisément que « la dialectique est l'exposition des principes pour la conduite du dialogue conformément à l'art dans le domaine de la pensée pure. »[2] Quand il y a

---

[1] *Dial.* 1814, I, § 121, p. 98.
[2] *Dial.* 1833, § 1, p. 267.

des représentations différentes, pour parvenir à un accord, il faut appliquer l'art dialectique. Il y a un lien intrinsèque entre la pensée et la langue. Le dialogue ne peut se faire que sur la base de l'échange langagier. Si les représentations sont différentes, la langue assure la communication et met à la portée de l'autre mes propres représentations de l'objet et me permet aussi d'accéder à celles de l'autre. La langue permet ainsi d'échanger ce que chacun a d'individuel. Mais la langue ne fait pas qu'assurer la communication sinon le conflit ne serait jamais achevé. Or il faut bien envisager la fin du conflit grâce à un dialogue bien conduit. C'est pourquoi Schleiermacher dit : « L'art comme méditation sur le processus *avec l'assurance du succès* présuppose donc des règles communes de la combinaison et un savoir originel commun qui fonde celles-ci et qui doit donc être le fondement de tout savoir. »[3] Un fondement commun est nécessaire pour qu'on puisse dire qu'on a atteint le savoir qui met fin au conflit. Certes, la fin du conflit est hypothétique et le savoir qu'on atteint est relatif à l'état des connaissances actuelles.

Le conflit n'est envisageable que si un objet commun est donné. « Le conflit en général présuppose la reconnaissance de l'identité d'un objet et avec elle, en général le rapport de la pensée à l'être. »[4] Le conflit suppose au moins que les parties en présence puissent se mettre d'accord sur l'objet de leur désaccord. Un objet communément posé doit être donné pour que le conflit soit possible. Sans référence à un même objet, des pensées conflictuelles n'existent pas ; car il n'y aurait que des parallèles qui ne se recouperaient jamais. Si dans un vrai

---

[3] *Dial.* 1814, I, § 46, p. 68. C'est nous qui le soulignons.
[4] *Dial.* 1833, § 3, p. 279.

dialogue un interlocuteur dit : « Le chien est un mammifère » et l'autre dit : « Le chat est un mammifère », le conflit n'est pas possible entre eux car ils ne se référent pas au même objet. On dit dans ce cas qu'il y a pensées diverses et non pas opposées. « Car si nous ôtons le rapport de la pensée à l'étant, alors il n'y a pas de conflit, mais, tant que la pensée reste purement en elle-même, il n'y a que de la diversité. »[5] Si A dit que le chien est un mammifère et que B le nie, alors il y a conflit car les deux ont le chien comme unique référence et sont en désaccord sur le fait qu'il soit un mammifère. « Deux [individus] ne sont en conflit que dans la mesure où ils rapportent leur pensée à un être posé communément par les deux comme le même, et dans la mesure où la pensée de l'un supprime celle de l'autre. »[6] C'est ce qui se passe dans l'exemple ci-dessus.

Nous avons déjà dit que la pensée est liée à la langue. Or tout savoir est pensée, donc le savoir est, lui aussi, lié à la langue. Si le savoir est lié à la langue, il est tributaire de la relativité de tout langage. C'est pour cela que Schleiermacher écrit : « La dialectique ne peut revendiquer une validité universelle dans une seule et même forme, mais doit tout d'abord n'être établie que pour une aire linguistique déterminée ; et doit par avance reconnaître qu'elle devra être à des degrés divers établie différemment pour toute autre [aire linguistique]. »[7] La particularité de la langue conditionne le savoir qu'elle met au jour. Il n'y a pas de savoir en dehors de la pensée exprimée par la langue. Le savoir lui aussi est pris dans la particularité de la langue. Les limites de la langue sont par

---

[5] *Dial.* 1833, § 3, p. 280.
[6] *Ibid.*, p. 281.
[7] *Dial.* 1833, § 2, p. 274.

conséquent celles du savoir. « Nous sommes dans l'obligation de renoncer à toute prétention à la validation universelle. »[8]

Selon Schleiermacher, il est impossible de transmettre intégralement et de façon identique le savoir d'une langue à une autre. Même si l'on dit qu'une traduction mot à mot n'est pas possible d'une langue à une autre, peut-on dire que la traduction est définitivement récusée ? Même si la traduction n'est pas pure identité, n'a-t-elle pas un coefficient de correspondance assez élevé pour communiquer le même contenu de savoir ? Si l'opposition des aires linguistiques était absolument sans médiation, toutes les traductions ne seraient-elles pas impossibles ?

Certes, on ne peut dire que Schleiermacher soit hostile à toute traduction. Bien au contraire, sa conférence intitulée *Des différentes méthodes du traduire*, prononcée à l'Académie Royale des Sciences de Berlin le 24 juin 1813, développe une théorie de la meilleure traduction. Pour lui, il n'y a que deux manières de traduire. « Ou bien le traducteur laisse l'écrivain le plus tranquille possible et fait que le lecteur aille à sa rencontre, ou bien il laisse le lecteur le plus tranquille possible et fait que l'écrivain aille à sa rencontre. »[9] Laisser l'écrivain tranquille signifie que le traducteur doit soumettre la langue dans laquelle il traduit aux exigences du génie de l'auteur, au point de faire percevoir le caractère propre de l'œuvre traduite et introduire ainsi le lecteur dans un monde qui de fait lui est étranger. La « traduction est parfaite en son genre quand

---

[8] *Ibid.*, p. 278.

[9] Schleiermacher, *Des différentes méthodes du traduire et autres textes*, trad. par Antoine Berman et Christian Berner, Paris, Seuil, « points », 1999, p. 49.

l'on peut dire que, si l'auteur avait appris l'allemand aussi bien que le traducteur le latin, il aurait traduit son œuvre, originellement rédigée en latin, comme l'a réellement fait le traducteur. »[10] La meilleure traduction est celle qui cherche à respecter le génie de l'œuvre et non la pureté de la langue dans laquelle on traduit. C'est pourquoi, « si le traducteur d'un écrivain philosophique ne se décide pas à plier la langue de la traduction, dans la mesure du possible, à la langue d'origine, pour faire entrevoir le système de concepts développé dans celle-ci, [...] que pourra-t-il faire d'autre, étant donné la dissemblance des éléments des deux langues, sinon paraphraser »[11] ? Or, pour Schleiermacher, la paraphrase n'atteint jamais le but effectif de la traduction. Pourquoi la traduction qui amène le lecteur vers l'auteur est la seule parfaite et pas celle qui amène l'auteur vers le lecteur ?

Vouloir conduire l'auteur vers le lecteur, c'est chercher à nier le lien intrinsèque entre la pensée et la langue. Le traducteur « devra reconnaître que chacun produit originairement dans sa langue maternelle seulement, et que donc on ne peut absolument pas se poser la question de savoir comment on aurait écrit ses œuvres dans une autre langue. » « Oui, on peut dire que le but de traduire comme l'auteur aurait écrit originairement dans la langue de traduction non seulement est inaccessible, mais est en soi vide et négatif ».[12] Une traduction parfaite, mot à mot, n'est pas possible car l'irrationalité des langues, c'est-à-dire leur incommensurabilité, empêche une telle entreprise. Au sujet des traducteurs qui voudraient faire de la langue d'origine un détail accessoire, Schleiermacher

---

[10] *Ibid.*, p. 51.
[11] *Ibid.*, p. 85.
[12] *Ibid.*, p. 75.

dit : « qu'objectera-t-on, si un traducteur dit au lecteur : je te présente ici le livre tel que son auteur l'aurait écrit en allemand, et que le lecteur réponde : je t'en suis aussi reconnaissant que si tu m'avais présenté le portrait de cet homme tel qu'il paraîtrait si sa mère l'avait engendré avec un autre père ? Car si des œuvres qui, en un sens supérieur, appartiennent à la science et à l'art, l'esprit original de l'auteur est la mère, la langue natale est le père. »[13] C'est pourquoi la traduction d'une œuvre ne doit pas chercher à supprimer la langue originale, tout comme on ne peut pas présenter une personne en niant son père.

L'incommensurabilité des langues ne limite-t-elle pas le savoir à la particularité des langues historiques ? Comment le savoir, dont la vocation est universelle, doit-il procéder pour échapper aux pièges de l'irrationalité des langues ? A cet égard, il est intéressant de comparer les positions de Schleiermacher et Leibniz. Pour celui-ci, l'exigence d'universalité de la philosophie l'a orienté vers la création d'une langue philosophique universelle afin d'échapper à la particularité des langues.

Cependant, Leibniz reste lucide sur le fait que les mots des diverses langues ne sont pas purement interchangeables. C'est pourquoi il écrit : « Je ne crois pas qu'il existe au monde une seule langue capable de rendre les mots d'une autre langue avec la même énergie et même avec un seul terme. »[14] Leibniz ne cherche pas à s'accommoder avec la diversité des langues. Au contraire, il veut vaincre cette diversité en établissant une langue universelle. C'est un tel projet qu'il annonce quand il écrit : « Il n'en demeure pas moins que la langue la plus

---

[13] *Ibid.*, p. 83.

[14] Leibniz, *L'harmonie des langues*, trad. par Marc Crépon, Paris, Seuil, « point », 2000, p. 83.

riche et la plus aisée est celle qui pourra venir à bout d'une traduction mot à mot et suivre l'original pas à pas. »[15]

Parce que cette langue n'existe pas, il faut l'inventer. C'est le projet dans lequel Leibniz se lance en cherchant à établir l'origine commune des langues au moins européennes. Il écrit à ce propos le 26 mars 1691 : « Il me semble en fait que toutes les langues, depuis la source de l'Indus jusqu'à la *mer du Nord*, aient une même origine ; mais quant à savoir quelles sont celles qu'on trouve en Inde, sur *les terres inexplorées de l'Afrique romaine* et en Amérique, c'est difficile à déterminer. »[16] Le 26 janvier 1694, un pas en direction de l'Afrique est accompli et Leibniz peut dire : « On ne laisse pas de voir ce me semble que les langues de l'Europe et de l'Asie viennent d'une même source, aussi bien *qu'une bonne partie de celles de l'Afrique* ».[17] Indépendamment de cette étude qui tend à établir que toutes les langues ont une source unique, Leibniz va entreprendre le projet d'une langue philosophique universelle que Marc Crépon résume ainsi : « Il faut d'abord une grammaire universelle, à laquelle Leibniz donne le nom de grammaire rationnelle ou encore de grammaire philosophique. Elle s'obtient par la simplification de la grammaire des différentes langues qui sont rapportées à une grammaire de référence, elle-même simplifiée réduite à sa structure logique, et à ce compte universalisable : la grammaire latine [...] il faut ensuite instituer le vocabulaire de cette langue universelle, philosophique et rationnelle ».[18]

[15] *Ibid.*, p. 83.
[16] *Ibid.*, p. 144.
[17] *Ibid.*, p. 149. C'est nous qui soulignons.
[18] *Ibid.*, p. 204-205.

Schleiermacher reconnaît la légitimité de cette tentative de Leibniz puisqu'il écrit : « Si la méthode était manquée, la tâche (était) néanmoins correctement saisie : sortir la philosophie des errances qu'engendrent inévitablement tant l'irrationalité des langues les unes par rapport aux autres que l'indétermination des éléments de chacune, ce qui interdit à tout système d'atteindre à une validité universelle. Il est vrai que nous n'avons pas renoncé à cette prétention d'universalité, sans avoir toutefois suivi la voie ouverte par Leibniz ».[19] Leibniz veut créer une langue universelle appropriée au désir d'universalité de la philosophie. La philosophie sera plus universelle si elle utilise une langue universelle pense Leibniz. Ce à quoi Schleiermacher répond que « même l'absolument universel, bien qu'il se trouve hors du domaine de la particularité, est éclairé et coloré par la langue. »[20] Ceci n'est pas une invitation pour que chacun s'enferme dans la particularité de sa langue mais une reconnaissance de l'irréductibilité de la langue dans l'expression de la pensée. Il ne peut exister aucune pensée sans la langue et chacun pense toujours dans une langue particulière.

Pourtant, « aucun peuple n'a le droit, pas plus aujourd'hui qu'alors, de s'enfermer dans sa langue ; au contraire, tous les peuples doivent, en proportion de leurs moyens, former une communauté avec tous les autres. Mais cela ne doit jamais être le résultat de la disparition progressive des langues dans une seule langue qui serait, dans cette lutte, entièrement victorieuse. Car si l'isolement doit bien être rompu, les particularités doivent néanmoins

---

[19] Schleiermacher, *Des différentes méthodes du traduire, op. cit.* p. 101.
[20] *Ibid.*, p. 85.

être conservées. »[21] Pour Schleiermacher, l'universalité ne se donne effectivement qu'à travers le particulier. Détruire le particulier, c'est courir le risque de manquer aussi l'universel. Dans ce cas, comment sortir de l'isolement dans lequel la langue maintient le philosophe, si vouloir créer une langue philosophique universelle est une entreprise vouée à l'échec ?

En réalité, il faut ouvrir les langues les unes aux autres. « Pour la langue philosophique technique, ce procédé consiste à puiser dans toutes les langues philosophantes relevant de notre champ historique et à s'approprier les éléments qui ont la valeur spéculative la plus pure. [...] Cette prise de possession se fait sous deux formes : par assimilation à la langue ou par traduction dans la langue, qui ne cherche pas à renier son origine étrangère. »[22] L'universalisation du savoir ne passe pas par la création d'une langue universelle, mais par la traduction dans les différentes langues des concepts philosophiques ou par la pure adoption de ces concepts par d'autres langues. C'est aussi la position de Leibniz qui dit : « Je suis d'avis qu'il ne faut pas être puritain quant à la langue en fuyant avec une crainte superstitieuse – comme un péché mortel – l'emploi d'un mot étranger et convenable, au point de se priver de ses forces et d'ôter toute vigueur à son propre discours. »[23] C'est de cette manière que l'on peut maintenir la particularité des langues attachée à chaque pensée philosophique, ainsi que la dimension d'universalité que vise le savoir philosophique.

Cependant, il ne faut pas confondre le fait de dire que le savoir doit avoir une portée universelle avec la

---

[21] *Ibid.*, p. 105.
[22] *Ibid.*, p. 113.
[23] Leibniz, *op. cit.*, p. 49.

prétention au savoir absolu. En effet, un savoir absolu ne peut être que la prérogative d'un sujet absolu. L'individu reste marqué par sa finitude et son savoir ne peut être que fini. C'est pour cela que Schleiermacher fait même de la région linguistique une révélation de l'individu. « L'aire linguistique que chacun se forme pour lui-même est manifestement l'expression de sa personne, c'est-à-dire de sa façon originale d'être pensant. »[24] Même dans le savoir qui a une visée universelle, on ne peut pas faire abstraction de l'individualité du sujet du savoir. La langue ne s'impose pas seulement à l'individu, mais elle est aussi son organe. L'individu participe à la formation de la langue. Que ce soit dans le savoir, dans la pensée ou au niveau de la langue, l'individu est irréductible, il est ineffaçable. Parce que l'individu est au cœur du savoir, le savoir auquel il peut parvenir ne sera qu'un savoir relatif.

La prétention au savoir absolu n'est envisageable que par la suppression de la dimension individuelle du savoir. Or si le savoir est pensée et si la pensée est liée à la langue, le savoir est empreint de la particularité de la langue. Comment passer de cette particularité, que Schleiermacher appelle aussi irrationalité, à l'universalité du savoir ? Comment se résout l'irrationalité ? « L'irrationalité des individus ne peut être compensée que par l'unité de la langue, et l'irrationalité de la langue que par l'unité de la raison. »[25] Pour communiquer avec les autres, l'individu doit se soumettre à la langue qu'il partage avec eux. Son irrationalité s'ouvre à la communication par la médiation de la langue. La pensée qui est individuelle ne s'exprime que par une langue partagée avec d'autres, ce qui rend possible les échanges

[24] *Dial.* 1833, § 2-3, p. 279.
[25] *Dial.* 1814, II, § 74, p. 252.

entre les individus. Mais ceci n'est-il valable que pour une langue donnée ? Comment résoudre l'irrationalité de la langue elle-même ? Schleiermacher propose qu'elle se résolve dans l'unité de la raison. La raison étant identique pour tous, elle est universelle et rend possible la communication entre différentes langues qui se résument en elle. On peut alors dire que l'individu est enveloppé par la langue et la langue par la raison. La raison compense l'irrationalité sans l'abolir entièrement. Il en va ici comme dans l'herméneutique où Schleiermacher dit que « la non-compréhension jamais ne se résoudra entièrement. »[26]

Il faut renoncer à toute prétention au savoir absolu, en reconnaissant que le savoir lui-même reste dans une relation dialogique. Parler de relation dialogique signifie que le savoir ne saurait être le monopole d'un sujet solitaire d'une part, et que d'autre part, l'individu est au centre du savoir. C'est pourquoi Schleiermacher écrit : « Nous nous dégageons aussi bien du procédé de tous ceux qui, en établissant un ensemble de propositions qui doit contenir l'essentiel du savoir de sorte que l'on puisse en dérouler la suite, qu'on appelle Doctrine de la science, Logique, Métaphysique, Philosophie de la nature ou encore autrement, placent alors au sommet ce qu'ils appellent un ''principe'' avec lequel le savoir doit commencer et qui doit lui-même être accepté purement et simplement, sans avoir été contenu dans ce qui a été pensé auparavant, ni pouvoir en être déduit. »[27]

---

[26] *Herméneutique*, trad. C. Berner, Paris-Lille, Cerf-PUL, « Passages-Opuscule », 1989, p. 173.

[27] *Dial.* 1833, § 4-2, p. 287. Voir la note 2 explicative de D. THOUARD qui indique que sont visées les philosophies de Fichte (Doctrine de la science), de Hegel, (Logique = Science de la logique), et de Schelling (Philosophie de la nature). Sa critique s'en prend principiellement à la commune attitude monologique de ces systèmes,

Un commencement absolu du savoir n'est pas possible. En aucun cas, le principe premier qui fonde tout savoir n'est donné. « Il nous faut nous contenter de commencements arbitraires dans tous les domaines du savoir. »[28] C'est donc dire que « le commencement à partir du milieu est inévitable. »[29] En effet, il est difficile de remonter au principe ou fondement absolu. Il faut être en possession de la totalité du savoir pour déterminer le fondement absolu. Si l'on n'a pas la totalité du savoir, comment savoir qu'on tient le commencement absolu et qu'il n'y en a pas d'autre ? Ceci ne remet pas en cause ce que nous avons dit de Dieu comme fondement transcendant du savoir. Il en est seulement le fondement transcendant et non empirique. Notre savoir réel n'est pas absolu. « Le savoir se limite pour ainsi dire au non-absolu, et au fini. Puisque le caractère non-absolu de tout savoir est fondé dans l'individualité humaine, la raison finie ne pourra jamais dépasser sa propre finitude et prendre définitivement racine dans l'absolu, pour y découvrir l'unité englobante de l'être de la nature et la raison humaine. »[30] Le savoir humain étant marqué par la finitude, la visée du savoir ne réalise pas toujours, à cause de l'erreur dont le fondement se trouve aussi dans la finitude.

---

auxquels il oppose, dans la Dialectique, un mode de penser résolument dialogique.

[28] *Dial.* 1833, § 5, p. 294.

[29] *Dial.* 1814, II, § 62, p. 247.

[30] Maciej POTEPA, « Herméneutique et Dialectique chez Schleiermacher », in *Comprendre et interpréter, le paradigme herméneutique de la raison*, Paris, Beauchesne, « philosophie », 1993, pp. 104-105.

2. Le statut de l'erreur

Ceux qui confondent le plan transcendantal et le plan empirique commettent une erreur. Quel statut donner à l'erreur, compte tenu de la structure dialogique du savoir ? Que faut-il entendre par erreur dans le savoir et d'où vient-elle ? Au sens habituel, commettre une erreur c'est juger vrai ce qui est faux, ou bien être dans l'erreur, c'est tenir pour vrai ce qui est faux. En 1811, Schleiermacher a encore une compréhension ordinaire de l'erreur, puisqu'il dit que « l'erreur est un non-savoir qu'on tient pour un savoir. »[31]

Mais sa réflexion ultérieure sur la nature dialectique ou intersubjective du savoir donne un statut particulier à l'erreur. L'erreur est posée « comme une pensée à laquelle aucune perception ne correspond dans un autre [individu]. »[32] Lorsqu'on prend sa propre organisation subjective pour objective, on fait une erreur, puisqu'on veut fonder le savoir sur soi-même en dehors de tout dialogue ou de toute référence à autrui. Cela revient-il à dire que l'individualité n'est vraie que si elle est confirmée par un autre ? N'y a-t-il pas une vérité irréductible de l'individu ? Certes, il ne s'agit pas de nier l'individu ou le caractère individuel. L'erreur consiste justement à vouloir prendre l'individuel pour l'universel. Ce qui se veut universel doit pouvoir être posé de façon identique par tous. C'est le fait de refuser de prendre en compte le coefficient individuel de chaque pensée qui rend possible l'erreur. L'erreur ne réside pas dans la perception mais dans le jugement. La perception est toujours adéquate à

[31] *Dial.* 1811, § 132, p. 314.
[32] *Dial.* 1814, I, § 121, p. 98.

son objet, mais le jugement qui détermine l'objet perçu peut se tromper. « C'est pourquoi le siège principal de l'erreur est dans le raisonner. »[33] Si l'erreur est dans le raisonner, elle implique un acte du sujet. L'erreur ne réside pas dans les sens, mais dans l'activité libre du sujet qui raisonne. C'est peut-être pour cela que Schleiermacher dit que « l'erreur est péché ; mais inévitable. »[34]

Pourquoi Schleiermacher n'a-t-il pas relié l'erreur à la finitude humaine ? Pourquoi ne dit-il pas tout simplement qu'il est humain de se tromper, sans que cela implique une volonté délibérée de tromper ? En effet, l'affirmation « l'erreur est péché » suscite une question à nos yeux. Si Schleiermacher refuse de tirer l'erreur de la finitude humaine, pourquoi ne pas la subordonner à la faute comme une catégorie morale dans la mesure où le sujet de l'erreur engage sa volonté ? Ne serait-il pas plus logique dans une argumentation philosophique de dire que l'erreur est une faute ? Pourquoi l'erreur serait-elle un péché ?

Voici notre hypothèse d'interprétation : si l'erreur est assimilée à la catégorie religieuse du péché, n'est-ce pas à cause du fondement divin et donc religieux du savoir ? En d'autres termes, n'est-ce pas s'installer dans l'erreur que de refuser d'admettre Dieu comme le fondement du savoir ? Celui qui fonde le savoir sur lui-même et refuse le fondement transcendant, non seulement fait une erreur, mais aussi commet un péché. En effet, il rejette l'idée même du savoir et ne peut qu'errer dans la subjectivité de son propre point de vue. L'erreur est péché dans ce contexte parce qu'elle est le rejet volontaire de Dieu qui, seul, garantit le savoir. Ainsi pouvons-nous

[33] *Dial.* 1814, II, § 10, p. 220.
[34] *Dial.* 1814, II, § 16, p. 224.

comprendre pourquoi Schleiermacher dit que l'erreur est péché, et non seulement une marque de la finitude humaine ou une faute morale. L'erreur dans son système de savoir équivaut à un rejet de Dieu qui est au fondement du savoir. Rejeter Dieu c'est un péché qui exprime la rupture de la relation avec Dieu, et non pas seulement une faute qui est transgression d'une loi. Ce qui est en jeu pour Schleiermacher, c'est l'être même de Dieu en tant qu'il est impliqué dans le savoir et non pas le respect d'une norme morale quelconque. La norme ou la loi se situe dans le domaine de la morale. Mais le savoir est distinct de la morale.

Comment comprendre que l'erreur soit un péché *inévitable* ? Cette affirmation est ambiguë. En effet, on admet d'ordinaire que le péché peut être évité puisqu'il implique une décision volontaire du sujet. Ce que confirme Schleiermacher quand il dit que l'erreur « repose elle aussi sur le péché, puisqu'elle ne saurait être innocente lorsqu'elle est formulée à partir d'une position aussi réfléchie et consciente d'elle-même. »[35] Mais l'erreur comme péché inévitable nous pose problème. Si l'erreur est un péché inévitable, est-elle encore péché ? N'y a-t-il pas une contrainte supprimant la libre décision qui est la condition du péché ? Et si la condition du péché est supprimée peut-il y avoir encore péché ? Telle est l'aporie à laquelle nous conduit l'affirmation de Schleiermacher.

En cherchant une éventuelle solution, on peut se demander si ce n'est pas le statut de Dieu qui conduit à cette aporie. Dieu est le fondement du savoir sans être lui-même un savoir. Il est la condition transcendantale, la condition de possibilité du savoir mais se situe lui-même

---

[35] *Dial.* 1814, II, § 17, p. 226.

en dehors du savoir. Dieu comme fondement du savoir est un fondement caché. Si le fondement est caché, il peut engendrer non seulement sa méconnaissance mais aussi le refus de son existence même. En refusant de reconnaître Dieu comme le fondement du savoir, ce qui est un acte conscient et délibéré, on tombe inévitablement dans l'erreur. L'erreur devient le péché puisqu'il est un refus conscient, réfléchi et délibéré. Si nous pouvons comprendre que l'erreur est un péché, il nous est difficile de comprendre pourquoi Schleiermacher dit qu'il est inévitable. Marqué par la finitude, l'homme sait qu'il peut se tromper. Il doit alors prendre les précautions nécessaires pour ne pas tomber dans l'erreur. S'il refuse de prendre les précautions, son erreur se transforme en décision volontaire et devient péché. Avoir la volonté d'éviter l'erreur quand on veut savoir, devient une attitude de probité.

On peut évoquer à ce niveau Descartes qui traite le même le sujet. En effet, pour le père du rationalisme l'erreur a un statut bien propre. Il dit en substance : « D'où est-ce donc que naissent mes erreurs ? C'est à savoir de cela seul que, la volonté étant beaucoup plus ample et plus étendue que l'entendement, je ne la contiens pas dans les mêmes limites, mais que je l'étends aussi aux choses que je n'entends pas ; auxquelles étant de soi indifférentes, elle s'égare fort aisément, et choisit le mal pour le bien, ou le faux pour le vrai. Ce qui fait que je me trompe et que je pèche. »[36] Tout comme Descartes, Schleiermacher reconnaît que la volonté de l'homme est engagée dans l'erreur. Elle ne résulte pas seulement d'un processus involontaire comme on pourrait le penser. L'erreur résulte

---

[36] René Descartes, *Méditations métaphysiques*, Paris, GF-Flammarion, 1992, p.145.

d'un jugement et qui dit jugement dit délibération qui engage la volonté. Lorsqu'on affirme ou nie quelque chose on s'expose à l'erreur si l'entendement n'a pas d'abord établit le statut de cette chose. Lorsqu'on juge ce que l'on ne connaît pas on s'expose à l'erreur. C'est pourquoi il vaut mieux suspendre son jugement quand on ne sait pas. Si le jugement est un choix, choisir dans l'ignorance est téméraire car c'est ce qui conduit à l'erreur. Mais nul n'est obligé de choisir dans l'ignorance. Il a la possibilité de s'abstenir lorsqu'il n'a pas le savoir nécessaire pour donner son jugement. « S'il (Dieu) ne m'a pas donné la vertu de ne point faillir, par le premier moyen que j'ai ci-dessus déclaré, qui dépend d'une claire et évidente connaissance de toutes les choses dont je puis délibérer, il au moins laissé en ma puissance l'autre moyen, qui est de retenir fermement la résolution de ne jamais donner mon jugement sur les choses dont la vérité ne m'est pas clairement connue. »[37] C'est à ce niveau que la liberté intervient dans l'erreur et fonde la possibilité du péché dont parle Schleiermacher.

Cependant, même si l'erreur engage la liberté est constitue la catégorie du péché, il reste à préciser qu'il faut distinguer l'erreur du mensonge. Si l'erreur consiste à tenir le faux pour le vrai, le mal pour le bien et vice versa, le mensonge a sa spécificité propre. Le mensonge est une affirmation contraire à la vérité que l'on connaît, c'est savoir ce qui est vrai ou faux et de dire le contraire dans le but de tromper. C'est voiler la vérité de façon intentionnelle, volontaire, pour empêcher à l'interlocuteur d'y accéder.

Le mensonge est un mépris de l'autre qu'on estime indigne de la vérité. Ainsi, le mensonge apparaît comme

---

[37] *Ibid.*, p. 151.

une atteinte à la dignité de la personne humaine qu'on prive de la vérité à laquelle elle a droit. Lorsqu'on lui refuse le droit d'accéder à la vérité en obstruant la voie par le mensonge, c'est une manière de nier son humanité caractérisée par la quête de la vérité. C'est donc à juste titre que Hannah Arendt a intitulé un de ses livres *Du mensonge à la violence*[38]. Le mensonge est une violence faite à la victime qu'on trompe. C'est le déchoir de son statut inaliénable de prétendant à la vérité. Si l'erreur résulte d'une ignorance, le mensonge est savoir que l'on masque ou cache à l'autre.

3. Savoir et Vouloir

Il semble ainsi avoir un lien entre le savoir et le vouloir. C'est ce lien qu'il convient d'examiner maintenant.

Pourquoi Schleiermacher lie-t-il le savoir et le vouloir dans sa *Dialectique* ? Quel rapport établit-il entre les deux notions ? La raison du lien est que « nous avons besoin d'un fondement transcendantal tant pour notre certitude dans le vouloir que pour notre certitude dans le savoir, et les deux ne peuvent pas être différents. »[39] Le savoir et le vouloir exigent un même fondement transcendantal ; c'est là une première raison de leur mise en rapport. La deuxième raison est que le vouloir, tout comme le savoir, se rapporte à l'être, bien que dans une visée différente. Le savoir a besoin de la certitude d'avoir atteint l'être ; le vouloir a besoin de la certitude qu'il peut

---

[38] Hannah Arendt, *Du mensonge à la violence*, Angleterre, Press pocket, traduit de l'anglais par Guy Durand, « Agora », 1972.
[39] *Dial.* 1814, I, § 214, p. 182.

agir sur l'être. Cela suppose un fondement de l'accord entre le vouloir et l'être. En effet, il faut « qu'effectivement notre faire s'extériorise et que l'être extérieur soit réceptif à la raison et assimile l'empreinte idéale de notre volonté ; ce fondement ne se trouve pas dans le genre, mais uniquement dans l'identité purement transcendantale de l'[être] idéal et de l'[être] réel. »[40] Or il ne dépend pas de nous que l'être soit ouvert et réceptif à l'action du vouloir. Le réel aurait pu être fait de telle sorte que le vouloir ne puisse avoir aucune action efficace sur lui. Toute la question est de savoir comment la raison agit sur la nature physique, compte tenu de leur hétérogénéité. Il faut penser une entité médiatrice qui assure le lien des deux ou dans laquelle les deux sont identifiées. C'est alors qu'on pose un être en qui est abolie la distinction de l'idéal et du réel, et en qui ne subsiste que l'identité absolue des deux. Il faut donc postuler l'être qui rend possible l'action du vouloir sur l'être parce qu'il est le fondement des deux. Cette idée transcendantale ne trouve son illustration qu'en l'homme. « L'homme est donc le tournant à partir duquel seul l'être peut être intuitionné sous la forme de l'activité de l'[être] idéal sur l'[être] réel. »[41] Ceci n'est pas valable pour les animaux chez qui on ne peut guère parler de la distinction de l'idéal et du réel.

Faut-il cependant que le fondement soit le même pour le savoir et le vouloir ? Puisque le savoir et le vouloir visent le même être, celui-ci ne saurait avoir deux fondements distincts sans entraîner sa scission. L'être connu ne serait jamais dans ce cas l'être sur lequel la volonté agit. C'est pourquoi le fondement de l'être du

---

[40] *Ibid.*, p. 182.
[41] *Dial.* 1814, I, § 213, p. 182.

savoir est le même pour l'être du vouloir. « La pensée n'est autre que la position des choses en nous de la manière qui nous est propre, il s'agit de ce que nous avions appelé la conscience de soi interne, et dans la mesure où la volonté est extériorisation de notre être dans les choses, toujours d'une manière qui nous est propre, nous avons affaire à la dite ''conscience externe''. »[42] Le savoir détermine la conscience interne alors que le vouloir détermine la conscience externe. Or l'unité de la conscience exige un fondement unique.

Une chose est l'exigence logique d'un fondement unique comme identité de la pensée et du vouloir ; une autre l'effectivité de ce fondement. Où ce fondement nous est-il donné? « Nous n'avons le fondement transcendantal que dans l'identité relative de la pensée et du vouloir, à savoir le sentiment. »[43] Le sentiment est le lieu où se donne effectivement l'identité du vouloir et de la pensée, bien que de manière relative. Dans le sentiment est donnée l'unité de la pensée et du vouloir. Or si Dieu est l'identité du savoir et du vouloir, « nous pouvons dire qu'avec notre conscience nous est donnée aussi la [conscience] de Dieu, comme partie constitutive tant de notre conscience de soi que de notre conscience externe. »[44]

Il faut bien faire une différence entre le sentiment où Dieu est donné et l'intuition propre de Dieu. « Nous n'avons de savoir de l'être de Dieu qu'en nous [...], mais aucunement d'un être de Dieu [...] en soi. »[45] Il faut écarter la prétention d'une intuition propre de Dieu, comme si Dieu pouvait être connu de la même manière

---

[42] Christian BERNER, *op. cit.*, p. 129.
[43] *Dial.* 1814, I, § 215, p. 184.
[44] *Ibid.*, p. 184.
[45] *Dial.* 1814, I, § 216, p.186.

que les autres êtres. Une connaissance conceptuelle de Dieu ne nous est pas possible. En effet, « l'intuition de Dieu jamais n'est accomplie véritablement, au contraire, elle ne reste que schématisme indirect.[…] Certes, le sentiment religieux est [un sentiment] véritablement accompli, mais jamais il n'est pur, car la conscience de Dieu y est toujours conscience en un autre ».[46] L'unité absolue n'est jamais donnée, mais seulement l'unité relative de la conscience. Dieu ne se donne pas en soi, mais seulement dans le sentiment au sein de la subjectivité.

Si le sentiment de Dieu est le sentiment religieux, la religion ne se rencontre que chez l'homme. On peut donc dire que l'homme est celui qu'il faut interroger pour comprendre la religion. La compréhension de la religion exige que l'on interroge l'homme ou plus exactement que l'on s'intéresse au sentiment religieux qu'il incarne. Précisons que « l'identité absolue de l'être et du savoir ne nous est donnée nulle part. Mais expressément et systématiquement, il faut cependant en venir à celle qui est donnée relativement dans l'homme. »[47] L'unité relative de la conscience et de l'idéal n'est donnée que dans l'homme. Cette unité relative en l'homme ouvre un chemin d'accès à l'absolu. En d'autres termes, l'unité relative qu'est le sentiment religieux est la seule qui est effectivement donnée. Dans la mesure où l'unité absolue se reflète dans l'unité relative de la conscience, celle-ci permet de comprendre ou du moins de penser celle-là.

Cependant, devant l'impossibilité d'une connaissance objective de l'absolu, la religion ne devient

---

[46] *Dial.* 1814, I, § 215, p. 186.
[47] *Dial.* 1811, § 108, p. 313.

une ‘‘métaphysique supérieure’’[48] que parce que l’absolu se saisit en elle. Ce qui se donne dans le sentiment n’est pas Dieu en soi et pour soi, mais son analogie dans l’individu. Schleiermacher écrit précisément : « dans le sentiment, nous sommes pour nous-mêmes déterminés d’une certaine manière, peu importe comment, comme unité de l’être pensant voulant et voulant pensant. En lui [dans le sentiment], nous avons donc l’analogie avec le fondement transcendant, à savoir la liaison supprimant les oppositions relatives. »[49] Dans le sentiment l’unité est saisie grâce aux oppositions. C’est pour cela qu’il ne peut pas être Dieu puisqu’il y subsiste des oppositions.

Quel est le rapport du sentiment à la conscience immédiate de soi ? Sans hésitation, c’est le rapport de l’identité absolue puisque Schleiermacher écrit : « La *conscience immédiate de soi = sentiment*, laquelle est différente de la conscience réfléchie de soi = moi, […] différente de la sensation ».[50] La conscience immédiate de soi ou le sentiment est le lieu de l’unité originelle de l’homme, c’est en elle qu’on trouve l’unité de l’être qui pense, de l’être qui veut et de l’être qui est affecté. Cette unité ne dérive pas d’une démarche rationnelle ; elle n’est donc pas fondée dans la raison. La conscience immédiate de soi, ou sentiment, accompagne la conscience réfléchie de soi et la volonté. Il faut un soi pour réfléchir et il faut un soi pour vouloir. Le sentiment est le fondement de ce soi qui lui permet, dans sa relation avec tout le reste, d’être un. « La réflexion est incapable aussi bien de déduire l’unité de la conscience de soi d’elle-même que de la fonder en elle-même, parce qu’elle est donnée au sujet

---

[48] Pierre DEMANGE, *op. cit.*, p. 109.
[49] *Dial.* 1822, LI, p. 187.
[50] *Dial.* 1822, LI, p. 187.

préalablement à toute réflexion. La conscience de soi n'est pas une instance capable de se créer elle-même en enchaînant un certain nombre de médiations de soi. »[51] Notre conscience de soi doit être conditionnée et déterminée (pour ne pas dire engendrée) par une unité absolue afin que les oppositions y soient supprimées. Car si elles demeuraient, notre conscience serait écartelée entre la pensée, la volonté et l'affection. « Cette détermination transcendante de la conscience de soi est son côté religieux ou le sentiment religieux ; en qui le fondement transcendant ou l'être suprême lui-même est représenté. » Et ce sentiment existe comme « sentiment général de dépendance. »[52] Or, « sentiment de dépendance absolue » est justement l'expression que Schleiermacher utilise pour définir la religion dans *La foi chrétienne*.

Si l'être suprême est le fondement transcendant du savoir et le garant de son unité ultime, et que cet être est représenté par le sentiment religieux, alors le sentiment religieux est au centre du savoir comme principe d'unité. Si on identifie le sentiment religieux et la religion, on peut dire que la religion est aussi au centre du savoir, du moins du savoir humain. L'absolu, fondement du savoir, ne s'éprouve pas en lui-même mais toujours en un autre, c'est-à-dire dans la conscience humaine. La compréhension du sentiment religieux ou de la religion passe donc par l'homme qui porte ce sentiment. « Les philosophies de la réflexion prennent la mesure du retrait de l'absolu et entérinent la critique de la raison, au point de privilégier l'entendement. Ce dernier est incapable de toucher l'absolu et ses gesticulations sont vaines. Mais ce qui fait l'échec patent aux yeux de Hegel fait la force [...]

---

[51] Maciej POTETA, *op. cit.*, p. 103.
[52] *Dial.* 1822, LI, p. 189.

de Schleiermacher. Car que reste-t-il pour [...] Schleiermacher ? L'homme, les hommes dans le monde ».[53]

La prétention de la raison de saisir l'absolu en soi et pour soi échoue nécessairement. Au lieu d'en rester à cet échec, Schleiermacher montre que ce qui échappe à la raison est représenté par le sentiment en l'homme. Le sentiment ou la conscience immédiate de soi, est l'analogue humain de l'absolu. Si l'homme est l'instance qui porte en lui l'analogue de l'absolu, il devient le chemin d'accès à l'absolu grâce au sentiment religieux qui le représente. L'analyse du fondement transcendant du savoir nous permet de passer du savoir au sentiment religieux par la médiation de l'homme. Il est celui sur qui devra porter l'interrogation philosophique pour comprendre la religion, puisque c'est seulement en lui qu'est effectivement donné le sentiment religieux. Celui-ci inscrit le divin au cœur du savoir ; la religion devient ainsi ce qui anime le savoir, et l'homme occupe une place centrale tant dans la compréhension du savoir que de la religion. Pour Schleiermacher, tous les autres aspects de la religion supposent l'homme sans se réduire à lui. Mais il ne réduit pas la religion à l'anthropologie, puisqu'il écrit dans sa lettre à Jacobi : « Ma philosophie donc et ma dogmatique sont fermement décidées à ne pas se contredire. »[54] On peut donc dire que la dialectique permet de réconcilier le savoir et la religion.

Dieu est le principe d'unité de toutes les connaissances. Dans le système du savoir, la religion joue un rôle déterminant en qualité de gardienne du fondement transcendant. Or ce fondement est la condition de

---

[53] Christian BERNER, art. *op. cit.*, p. 51.

[54] Lettre à Jacobi, *op. cit.*, p. 293.

possibilité de tout savoir. C'est pourquoi la religion ne peut se situer en dehors du savoir, puisqu'elle porte Dieu qui en est le fondement. En résumé, Dieu ne se donne que dans le sentiment religieux, et ce sentiment ne se manifeste qu'en l'homme. Si la religion est gardienne du fondement du savoir, c'est-à-dire Dieu, et l'homme gardien de la religion, l'hypothèse selon laquelle une herméneutique de la religion passe par l'homme peut alors se justifier. Nous renvoyons à notre précédent ouvrage.[55]

---

[55]Dominique NDEH, *Religion et éthique dans les Discours de Schleiermacher. Essai d'herméneutique*, Paris, L'Harmattan, « Ouverture philosophique », 2008, 237 pages.

CONCLUSION GENERALE

Dieu dans le système du savoir tel est le projet qui a animé notre réflexion. A la question quel est le rôle de Dieu dans le savoir humain ? nous pouvons répondre avec Schleiermacher qu'il n'y a pas de savoir sans idée du savoir. Et l'idée du savoir c'est l'identité de l'idéal et du réel. Or Dieu est l'identité absolue du réel et de l'idéal et donc le fondement du savoir. Le présupposé fondamental de tout savoir c'est que la pensée humaine atteint l'être des choses. Et le savoir se réalise comme une appropriation de l'être des choses par la pensée. Comment être sûr que la pensée atteint les objets ?

Pour parler du savoir, il faut poser que la pensée non seulement peut atteindre les objets, mais les atteint effectivement. Comment prouver ou comment établir avec certitude que la pensée atteint les objets ? Ceci n'est-il pas seulement un postulat nécessaire pour fonder la possibilité de la connaissance humaine ? Mais si on ne pose pas ce postulat que la pensée peut appréhender les objets le savoir est-il envisageable ? La thèse de Schleiermacher est que l'idée du savoir se fonde sur l'idée même de Dieu. En effet, le savoir est l'identité de l'idéal et du réel, et Dieu est l'identité absolue de l'idéal et du réel.

A la question de savoir où l'unité de la pensée et le réel se réalise en l'homme, la réponse de Schleiermacher est claire c'est dans la conscience qu'une telle unité est possible. C'est donc au niveau de la conscience qu'il faut envisager le savoir humain. On se rend ainsi compte qu'il y a un rapport entre la conscience et Dieu. Schleiermacher affirme : « *L'être de la conscience en nous est également un être de Dieu* »[1] C'est ainsi que le savoir est rendu possible par la faculté de la conscience à unir le réel et l'idéal. La conscience réalise de façon relative ce que Dieu est de manière absolue. On peut dire que la conscience est l'analogue de Dieu en l'homme le lieu où la diversité du réel est unie en un système pour qu'en résulte le savoir.

Schleiermacher ne s'arrête pas à cette analogie, il pose comme postulat de son épistémologie Dieu comme principe et source du réel et de la pensée. Il dit en substance : « Tout être est dérivé de Dieu et toute pensée est subsumée sous la pensée de Dieu. »[2] Si les choses se présentent ainsi, Dieu est au fondement du savoir car c'est lui qui détermine la structure de la conscience et la rend apte au savoir. Tel est le premier rôle de la déité dans le savoir humain. A celui-là s'ajoute un autre. Dieu comme auteur de la nature ne dresse pas des obstacles entre l'objet hors de nous et notre désir de savoir. Il facilite la correspondance entre l'objet et la pensée. Ainsi Schleiermacher peut écrire : « *La déité est hors de nous en ce qu'elle n'interpose pas une apparence trompeuse entre l'être hors de nous et notre volonté de savoir. Et c'est là notre croyance en Dieu dans la connaissance.* »[3]

Une chose est l'aptitude ou la possibilité du savoir, une autre sa réalisation effective. Comment le savoir se construit-il concrètement ? Pour Schleiermacher, le savoir se construit de façon dialogique. Si le savoir est dialogique cela signifie qu'il se construit par le dialogue. Or il n'y a

---

[1]*Dial.* 1814, I, § 216, 1, p. 186. C'est nous qui le soulignons.
[2] *Dial.* 1811, p. 313.
[3] *Dial.* 1822, § 3, p. 211.

pas de dialogue sans langage. Le savoir est alors intimement lié au langage. On sait que le langage n'est jamais l'invention d'un individu isolé, mais toujours une affaire qui concerne une pluralité d'individus. Si le savoir se manifeste par et dans le langage, il porte aussi les marques du langage. De même que le langage humain est fini, de même le savoir qu'il exprime ne peut être qu'un savoir fini. On est loin de la prétention au savoir absolu de Hegel. Schleiermacher a conscience de la finitude humaine qui s'étend aussi à son savoir et ne se limite pas seulement à son existence. Si le savoir est langagier il est aussi intersubjectif.

Pourquoi le savoir a-t-il un caractère intersubjectif ? Cela tient du fait que le savoir pour être conforme à sa nature doit être une construction commune. Une pensée qui n'est pas attestée comme pouvant être produite de manière identique par une autre personne est une opinion qui n'accède pas encore au statut du savoir. Pour qu'une pensée devienne un savoir il faut que son rapport au réel puisse être reconnu par d'autres sujets pensants. C'est cette intersubjectivité qui assure aussi au savoir son caractère universel. En effet, si le savoir se présente comme universel c'est justement parce qu'il transcende les individus et s'impose à tous au-delà des diversités particulières. Ce qui se présente avec un tel caractère d'universalité n'est-il pas ce qui exige que le savoir soit intersubjectif ?

Mais ici surgit une autre question. Le savoir est-il une affaire de la majorité ? Est-ce que le fait qu'une idée soit soutenue par la majorité fait de cette idée un savoir ? Si on pose que le savoir est lié à la vérité, on doit affirmer que la vérité ne se décide pas à la majorité. Ce n'est pas le seul fait qu'une idée est soutenue par une grande majorité qu'elle devient de ce fait un savoir. Le savoir est adéquation entre la pensée et le réel. Sans cette adéquation, qui est l'essence même de la vérité, il n'y a pas de savoir. Ce qui signifie que le nombre ne détermine pas ce qui est vrai, mais seulement une pensée qui est conforme à l'essence de la chose telle qu'elle est. C'est justement parce que l'essence des choses s'impose à tous ceux qui veulent la connaître que le savoir a le caractère universel. Car il s'agit de reconnaître cette unique essence qui se manifeste à tous. C'est dans cette reconnaissance commune que le savoir est intersubjectif et atteint son universalité.

Schleiermacher ne suit pas fidèlement la tradition qui définit le savoir comme l'adéquation de l'être et de la pensée. Mais il a sans doute perçu la difficulté d'établir avec certitude et de façon individuelle que la pensée atteint vraiment l'être. Autrement dit, comment être sûr que ma pensée atteint effectivement l'être ? Comment être sûr que je ne me trompe pas ? La certitude du savoir chez Schleiermacher n'est une auto-fondation à la manière du *cogito* cartésien, mais une certitude intersubjective. Mon savoir doit être confirmé par d'autres sujets pour être vraiment un savoir.

Pour Schleiermacher l'universalité ne se réalise pas par la suppression de la diversité ou des particularités, car si celles-ci sont toutes supprimées il ne reste plus rien pour fonder ou construire l'universalité. L'universalité doit au contraire reposer sur les particularités. Autrement dit, l'universalité ne se donne que dans la pluralité des diversités. De la même manière que l'infini ne se donne que dans le fini, comme l'affirme Schleiermacher dans les *Discours.* Telle est le caractère spécifique de l'universalité. Il ne faut donc pas confondre l'universalité avec l'unicité. L'unicité est ce qui est unique en son genre et n'a pas d'équivalent. Alors que l'universalité présuppose toujours la pluralité. En effet, elle est ce qui appartient ou s'étend nécessairement à tous.

Tous les problèmes ne sont pas résolus pour autant. Si le savoir est adéquation entre le réel et la pensée comment une telle adéquation est-elle possible compte tenu de l'hétérogénéité de la pensée et du réel ? Ne se trouve-t-on en présence d'une énigme ? A cette question vient s'ajouter une autre. Comment sait-on qu'on sait ?

BIBLIOGRAPHIE

Ouvrages de Schleiermacher

- *Discours sur la religion à ceux de ses contempteurs qui sont des esprits cultivés,* Paris, trad. fr. I.-J. Rouge, Aubier/Montaigne, 1944.
- *Le statut de la théologie, bref exposé*, Genève et Paris, Labor et Fides, cerf, 1994.
- *La foi chrétienne d'après les principes de la réforme*, adaptation de David Tissot, Paris, Boccard, 1920.
- *Dialectique pour une logique de la vérité*, trad. fr. Christian Berner et Denis Thouard, Paris, Genève, Laval, Cerf, Labor et Fides, Presse de l'Université de Laval, « passages », 1997.
- *Monologues*, trad. fr. Louis Second, Paris, 1837.
- *Des différentes méthodes du traduire et autres textes*, trad. fr. Antoine Berman et Christian Berner, Paris, Seuil, 1999.
- *Herméneutique*, trad. fr. Christian Berner, Paris, Lille, Cerf, PUL, « Passages-Opuscule », 1989.

Ouvrages consacrés à Schleiermacher

BERNER Christian, *La philosophie de Schleiermacher, Herméneutique, Dialectique, Ethique*, Paris, Cerf, « passages », 1995.

CRAMAUSSEL Edmond, *La philosophie religieuse de Schleiermacher*, Genève et Paris, Kündig Félix Alcan, 1909.

DEMANGE Pierre, *L'essence de la religion selon Schleiermacher*, Paris, Beauchesne, 1991.

NDEH Dominique, Religion et éthique dans les Discours de Schleiermacher, Paris, L'harmattan, « Ouverture philosophique », 2008, 237 pages.

SIMON Marianna, *La philosophie de la religion dans l'œuvre de Schleiermacher*, Paris, J. Vrin, 1974.

Collectifs, *Archives de philosophie*, n° 32, Paris, 1969.

Archivio di filosofia, Schleiermacher, n° 52, Rome, 1984.

Bibliographie générale

ARENDT Hannah, *Du mensonge à la violence*, Angleterre, Press pocket, traduit de l'anglais par Guy Durand, « Agora », 1972

DESCARTES René, *Méditations métaphysiques*, Paris, Flammarion, 1992.

HEGEL Friedrich, *Leçons sur la philosophie de la religion*, trad. fr. Pierre Garniron, Paris, PUF, 1996.

HUSSERL Edmund, - *L'idée de la phénoménologie*, trad. fr. Alexandre Lowit, Paris, PUF, « Epiméthée », 1993.

- *Idées directrices pour une phénoménologie*, trad. fr. Paul Ricœur, Paris, Gallimard, « Tel », 1993.

KANT Emmanuel - *Critique de la raison pure*, Paris, PUF, « Quadrige », 1993.

LEIBNIZ Gottfried W., *L'harmonie des langues*, trad. fr. Marc Crépon, Paris, Seuil, 2000.

Articles

BERNER Christian, - « Polémique, conflit, contradiction : notes sur la fondation dialectique de la philosophie chez Hegel, Schleiermacher, et Hegel », *Revue philosophie*, n° 51, Paris, Minuit, 1996.

- « Dieu et l'aperception transcendantale. Aspects du problème de Dieu dans la philosophie de Schleiermacher » Archives de philosophie, n° 63, Paris, 2000.

JEANROND Werner G., « F. Schleiermacher », in *Dictionnaire des philosophes de la religion*, Paris, Brepols, 1996.

LACKS André, « Platonisme et système chez Schleiermacher : des grundliniens à la dialectique », La naissance du paradigme herméneutique. *Schleiermacher, Humboldt, Boeckh, Droysen*, Lille, PUL, 1990.

MARQUET Jean-François, « Chaos et culture dans les philosophies du romantisme allemand », *Les études philosophiques*, n° 1, Paris, 1983.

NESCHKE-HENTSCHKE Ada, LACKS André,
« Platonisme et tournant herméneutique au début du XIXe siècle en Allemagne », *La naissance du paradigme herméneutique. Schleiermacher, Humboldt, Boeckh, Droysen*, Lille, PUL, 1990.

POTETA Maciej, « Herméneutique et Dialectique chez Schleiermacher », *Comprendre et interpréter, le paradigme herméneutique de la raison*, Paris, Beauchesne, « philosophie », 1993.

TABLE DES MATIERES

L'HARMATTAN, ITALIA
Via Degli Artisti 15 ; 10124 Torino

L'HARMATTAN HONGRIE
Könyvesbolt ; Kossuth L. u. 14-16
1053 Budapest

L'HARMATTAN BURKINA FASO
Rue 15.167 Route du Pô Patte d'oie
12 BP 226 Ouagadougou 12
(00226) 76 59 79 86

ESPACE L'HARMATTAN KINSHASA
Faculté des Sciences Sociales,
Politiques et Administratives
BP243, KIN XI ; Université de Kinshasa

L'HARMATTAN GUINÉE
Almamya Rue KA 028 en face du restaurant le cèdre
OKB agency BP 3470 Conakry
(00224) 60 20 85 08
harmattanguinee@yahoo.fr

L'HARMATTAN CÔTE D'IVOIRE
M. Etien N'dah Ahmon
Résidence Karl / cité des arts
Abidjan-Cocody 03 BP 1588 Abidjan 03
(00225) 05 77 87 31

L'HARMATTAN MAURITANIE
Espace El Kettab du livre francophone
N° 472 avenue Palais des Congrès
BP 316 Nouakchott
(00222) 63 25 980

L'HARMATTAN CAMEROUN
Immeuble Olympia face à la Camair
BP 11486 Yaoundé
(237) 458.67.00/976.61.66
harmattancam@yahoo.fr

L'HARMATTAN SÉNÉGAL
« Villa Rose », rue de Diourbel X G, Point E
BP 45034 Dakar FANN
(00221) 33 825 98 58 / 77 242 25 08
senharmattan@gmail.com

532047 - Juin 2013
Achevé d'imprimer par